BÖHME

Verbandsgeldbußen in Strafverfahren

Verbandsgeldbußen in Strafverfahren

Ermittlung – Rechtsfolgen – Vollstreckung

Dr. Frank Böhme
Erster Staatsanwalt

Bibliografische Information der Deutschen Nationalbibliothek | Die Deutsche Nationalbibliothek verzeichnet diese Publikation in der Deutschen Nationalbibliografie; detaillierte bibliografische Daten sind im Internet über www.dnb.de abrufbar.

ISBN 978-3-415-05993-1

Titelfoto: © styleuneed – Fotolia | Satz: Thomas Schäfer, www.schaefer-buchsatz.de | Druck und Bindung: Laupp & Göbel GmbH, Robert-Bosch-Straße 42, 72810 Gomaringen

Richard Boorberg Verlag GmbH & Co KG | Scharrstraße 2 | 70563 Stuttgart
Stuttgart | München | Hannover | Berlin | Weimar | Dresden
www.boorberg.de

Vorwort

In der Praxis des Wirtschaftsstrafrechts wird die Verbandsgeldbuße nach § 30 OWiG immer wichtiger. Durch mehrere Gesetzesänderungen[1] ist sie von einer nur selten zur Anwendung gebrachten Nebenfolge zu einem effektiven Instrument der Ahndung von unternehmensbezogenen Straftaten und Ordnungswidrigkeiten geworden. Verbandsgeldbußen fallen jetzt höher aus und werden öfter verhängt. Mittelbare Folge dieser Veränderungen ist der große Erfolg von Compliance-Programmen, durch die entsprechende Straftaten und Ordnungswidrigkeiten bereits im Ansatz verhindert werden sollen.

Der vielfältigen Bedeutung der Verbandsgeldbuße entsprechend soll dieses Buch eine Unterstützung für alle sein, die sich in der Praxis mit § 30 OWiG zu beschäftigen haben: Richter, Staatsanwälte, Rechtsanwälte, Unternehmensjuristen und Kriminalbeamte. Der praktischen Ausrichtung entsprechend wird nicht das Ziel einer vertieften wissenschaftlichen Auseinandersetzung verfolgt, die in den einschlägigen Kommentaren zum OWiG bereits in hervorragender Weise geboten wird. Vielmehr soll das Buch eine anwendungsorientierte Arbeitshilfe sein. Von der detaillierten Darstellung von Streitfragen habe ich daher abgesehen, soweit sie für die Praxis nur eingeschränkt relevant sind; Verweise und Zitate sind auf das Notwendigste reduziert. Demgegenüber sind zahlreiche kleine Beispiele eingebaut, die den Text auflockern und das Verständnis erleichtern sollen. Dass diese oft aus dem Bereich des Korruptionsstrafrecht stammen, ist einerseits dem Umstand geschuldet, dass gerade Korruptionsdelikte sich oftmals für die Verhängung einer Verbandsgeldbuße gut eignen. Andererseits stammen die Beispiele weitgehend aus meinen Erfahrungen als Dezernent für Korruptionsstrafsachen, in denen die Verbandsgeldbuße fast immer eine große Rolle gespielt hat.

Soweit ich Empfehlungen zur praktischen Handhabung gebe, handelt es sich in der Regel um das, was sich in der Praxis bewährt hat. Auch wenn diese vielfach gerichtlich bestätigt worden ist, handelt es sich letztlich um eine subjektive Sichtweise. Den Anspruch, dass es sich bei der dargestellten Vorgehensweise um die ideale Vorgehensweise handelt, möchte ich daher nicht erheben. Vielmehr freue ich mich über Hinweise und Anregungen.

---

1 Zuletzt mit dem Achten Gesetz zur Änderung des Gesetzes gegen Wettbewerbsbeschränkungen v. 26.06.2013 (BGBl. I, Satz 1738).

Bedanken möchte ich mich bei Staatsanwältin Marie-Louise Schulten, die mich bei der Erstellung des Manuskripts beraten hat, und bei meiner Ehefrau Christiane Horn, die den gesamten Text korrekturgelesen hat.

Januar 2017 *Frank Böhme*

Inhaltsverzeichnis

Literaturverzeichnis

Achenbach, Hans,	Ausweitung des Zugriffs bei den ahndenden Sanktionen gegen die Unternehmensdelinquenz, wistra 2012, 441
Achenbach, Hans,	Rezension zu: Maschke, Günter, Aufsichtspflichtverletzungen in Betrieben und Unternehmen nach § 130 des Ordnungswidrigkeitengesetzes unter besonderer Berücksichtigung des Zusammenhangs zwischen Tathandlung und Zuwiderhandlung, wistra 1998, 296
Altenburg, Johannes/ Peukert, Matthias,	Neuerungen in § 30 OWiG – Haftungsrisiken und vermeidungen vor dem Hintergrund gesetzgeberischen Überschwangs (§ 30 OWiG), BB 2014, 649
Baron, Michael/ Trebing, Christina,	Umgang mit Kartellrisiken in M&A-Transaktionen – aktuelle Fragestellungen und Entwicklungen, BB 2016, 131
Baumbach/Hopt,	Handelsgesetzbuch, 36. Aufl., 2014 (zit: *Bearbeiter* in Baumbach/Hopt)
Bayer, Walter/ Scholz, Phillip,	Zulässigkeit und Grenzen des Kartellgeldbußenregresses -Zugleich Kommentar zu LAG Düsseldorf vom 20.01.2015 – 16 Sa 459/14, GmbHR 2015, 449
Beyer, Dirk,	Ausschluss der Unternehmensgeldbuße gemäß § 30 OWiG bei steuerlichen Selbstanzeigen und in anderen Fällen, BB 2016, 542
Bosch, Wolfgang/ Fritzsche, Alexander,	Die 8. GWB-Novelle – Konvergenz und eigene wettbewerbspolitische Akzente, NJW 2013, 2225
Burghart, Andreas,	Das erlangte „Etwas" (§ 73 I Satz 1 StGB) nach strafbarer Vertragsanbahnung – zugleich Besprechung von BGH wistra 2010, 477, wistra 2011, 241
Cordes, Malte/ Reichling, Tilman,	Grenzen ordnungswidrigkeitenrechtlicher Sanktionierung bei Verbandsgeldbußen, NJW 2015, 1335
Corell, Christian/ von Saucken, Alexander,	Verteidigungsansätze bei der Unternehmensgeldbuße, wistra 2013, 297

Eidam, Die Verbandsgeldbuße des § 30 Abs. 4 OWiG – eine Bestandsaufnahme, wistra 2003, 447

Engelhard, Marc, Sanktionierung von Unternehmen und Compliance, 2. Aufl., 2012

Erfurter Kommentar zum Arbeitsrecht, 16. Aufl., 2016

Fischer, Thomas, Strafgesetzbuch mit Nebengesetzen, 63. Aufl. 2016

Göhler, Erich (Begr.), Gesetz über Ordnungswidrigkeiten, 16. Aufl., 2012 (zit: *Bearbeiter* in Göhler)

Graf, Peter/ Jäger, Markus/ Wittig, Petra (Hrsg.), Wirtschafts- und Steuerstrafrecht, 2011 (zit: *Bearbeiter* in Graf/Jäger/Wittig)

Greeve, Gina, Korruptionsdelikte in der Praxis, 2005

Groß, Bernd/ Reichling, Tilman, Weshalb sich Korruption nicht mit den Mitteln des Ordnungswidrigkeitenrechts bekämpfen lässt, wistra 2013, 89

Haase, Florian/ Geils, Malte, Die steuerliche Abzugsfähigkeit von Kartellgeldbußen, BB 2015, 2583

Hoven, Elisa/ Wimmer, Renate/ Schwarz, Thomas/ Schumann, Stefan, Der nordrhein-westfälische Entwurf eines Verbandsstrafgesetzes – Kritische Anmerkungen aus Wissenschaft und Praxis Teil 1, NZWiSt 2014, 161

Kahlenberg, Harals/ Neuhaus, Kai, Die Achte GWB-Novelle: Reform des deutschen Kartellrechts, BB 2013, 131

Karlsruher Kommentar zum Gesetz über Ordnungswidrigkeiten, 4. Aufl., 2014 (zit: *Bearbeiter* in KK-OWiG)

Karlsruher Kommentar zur Strafprozessordnung, 7. Aufl., 2013 (zit: *Bearbeiter* in KK-StPO)

Kollmann, Anni/ Aufdermauer, Christian, Anmerkung zu LAG Düsseldorf, Urt. V. 20.01.2015 – 16 Sa 459/14, BB 2015, 1024

Löwe-Rosenberg, Die Strafprozeßordnung und das Gerichtsverfassungsgesetz, 26. Aufl., Achter Band, (zit: *Bearbeiter* in LR)

Meyer-Goßner, Lutz/ Schmitt, Bertram, Strafprozessordnung, 58. Aufl., 2015 (zit: *Bearbeiter* in Meyer/Goßner)

Minoggio, Ingo, Firmenverteidigung, 2. Aufl., 2010

Mühlhoff, Uwe, Lieber den Spatz in der Hand ... oder: Nach der Novelle ist vor der Novelle! Zu den wesentlichen Änderungen des allgemeinen Ordnungswidrigkeitenrechts und des Kartellordnungswidrigkeitenrechts durch die 8. GWB-Novelle, NZWiSt 2013, 321

Münchener Kommentar zum BGB, Bd. 1, 7. Aufl., 2015 (zit: *Bearbeiter* in MüKo-BGB)

Peukert, Matthias/ Altenburg, Johannes, Bestimmung tauglicher Anknüpfungsnormen für Unternehmensgeldbußen – Unternehmenshaftung nach §§ 30, 130 OWiG bei aus dem Unternehmen heraus gegangener, gegen das eigene Unternehmen gerichteter Straftat?, BB 2015, 2822

Podolsky, Johann/ Brenner, Tobias, Vermögensabschöpfung im Straf- und Ordnungswidrigkeitenverfahren, 5. Aufl., 2012

Rebmann/Roth/ Herrmann, Gesetz über Ordnungswidrigkeiten, Bd. 1, 3. Aufl., Mai 2015

Reichling, Tilman, Anmerkung zu BGH, Beschl. v. 10.08.2011 – KRB 55/10, NJW 2012, 164

Reuter, Alexander, Unternehmensgeldbußen, Organregress, Grenzen der Versicherbarkeit und Gesellschaftsrecht: eine systematische Verletzung der Grundrechte der Anteilseigner?, BB 2016, 1283

Rönnau, Thomas, Die Vermögensabschöpfung in der Praxis, 2. Aufl., 2015

Röske, Marcus/ Böhme, Frank, Zur Haftung des Unternehmensträgers gemäß § 30 Abs. 1 Nr. 5 OWiG für deliktisches Handeln auf Betriebsebene, wistra 2013, 48

Rübenstahl, Markus/ Skoupil, Christoph, Anforderungen der US-Behörden an Compliance-Programme nach dem FCPA und deren Auswirkungen auf die Strafverfolgung von Unternehmen – Modell für Deutschland, wistra 2013, 209

Schlösser, Jan, Die Bestimmung des erlangten Etwas i. S. v. § 73 I 1 StGB bei in Folge von Straftaten abgeschlossenen gegenseitigen Verträgen – Zum Streit des 5. Senats und 1. Senats des BGH über den Umfang der Verfallserklärung, NStZ 2011, 121

Schönfeld, Jens/ Haus, Florian/ Bergmann, Malte, Die steuerliche Abzugsfähigkeit von Kartellbußen – einige Überlegungen aus kartell- und steuerrechtlicher Sicht, DStR 2014, 2323

Theile, Hans/ Petermann, Stefan, Die Sanktionierung von Unternehmen nach dem OWiG, JuS 2011, 496

Többens, Hans W., Die Bekämpfung der Wirtschaftskriminalität durch die Troika der §§ 9, 130 und 30 des Gesetzes über Ordnungswidrigkeiten, NStZ 1999, 1

Werner, Rüdiger, Verbandsgeldbuße und Gesamtrechtsnachfolge, wistra 2015, 176

Wiedmann, Daniel/ Funk, Christiane, Umgehung von Kartellgeldbußen durch Umstrukturierung – Konzernhaftung als Lösung?, BB 2015, 2627–2634

Wittig, Petra, Wirtschaftsstrafrecht, 3. Aufl., 2014

A.
Einleitung

Die zentrale Vorschrift im Recht der Verbandsgeldbußen (§ 30 Abs. 1 OWiG) lautet:

Hat jemand
1. als vertretungsberechtigtes Organ einer juristischen Person oder als Mitglied eines solchen Organs,
2. als Vorstand eines nicht rechtsfähigen Vereins oder als Mitglied eines solchen Vorstandes,
3. als vertretungsberechtigter Gesellschaftereiner rechtsfähigen Personengesellschaft,
4. als Generalbevollmächtigter oder in leitender Stellung als Prokurist oder Handlungsbevollmächtigter einer juristischen Person oder einer in Nummer 2 oder 3 genannten Personenvereinigung oder
5. als sonstige Person, die für die Leitung des Betriebes oder Unternehmens einer juristischen Person oder einer in Nummer 2 oder 3 genannten Personenvereinigung verantwortlich handelt, wozu auch die Überwachung der Geschäftsführung oder die sonstige Ausübung von Kontrollbefugnissen in leitender Stellung gehört,
eine Straftat oder Ordnungswidrigkeit begangen, durch die Pflichten, welche die juristische Person oder Personenvereinigung treffen, verletzt worden sind oder die juristische Person oder die Personenvereinigung bereichert worden ist oder werden sollte, so kann gegen diese eine Geldbuße festgesetzt werden.

I. Wesen und Begriff der Verbandsgeldbuße

Gemäß § 30 OWiG kann gegen eine juristische Person oder eine Personenvereinigung eine Geldbuße verhängt werden. Diese Geldbuße wird üblicherweise als **Verbandsgeldbuße** bezeichnet[2]. Der Begriff Verbandsgeldbuße drückt aus, dass sich die Rechtsfolge direkt gegen den Verband (die juristische Person oder Personenvereinigung) richtet. Das ist deshalb bemerkenswert, weil individuelle Schuld nur eine natürliche Person tragen kann. Ein Verband ist in diesem Sinne nicht schuldfähig. Diesem Umstand trägt § 30 OWiG durch die Anknüpfung an eine – schuldhafte – Handlung (oder Unterlassung) einer natürlichen Person Rechnung. Um diese Anknüpfung

2 Teilweise wird auch die etwas ungenaue Bezeichnung *Unternehmensgeldbuße* verwendet.

zu legitimieren, muss die natürliche Person einen engen Bezug zu dem Verband haben und in diesem Bezug handeln (oder unterlassen).

Trotz der Verortung im Ordnungswidrigkeitengesetz und der für eine Ordnungswidrigkeit typischen Rechtsfolge der Geldbuße ist § 30 OWiG **kein Ordnungswidridrigkeitentatbestand**. Der Sache nach handelt es sich um eine **Zurechnungsnorm**, die aufgrund ihrer Einzigartigkeit als *sui generis* bezeichnet werden kann. Zugerechnet wird dem Verband die Tat des Täters nach § 30 Abs. 1 OWiG, die dann zur Geldbuße führt. Ob es dabei um eine Zuständigkeit für fremde Delinquenz oder um Verantwortlichkeit für eigene Delinquenz geht, ist umstritten[3], kann aber an dieser Stelle offen bleiben.

Im geltenden Recht gibt es keine vergleichbaren Regelungen. Solche Regelungen sind allerdings auch nicht erforderlich, weil die Norm sowohl auf Tatbestandsseite (grundsätzlich jede Ordnungswidrigkeit oder Straftat) als auch auf Rechtsfolgenseite (sehr weite Bußgeldrahmen, Ermessen) so weit gefasst ist, dass nahezu jede ahndungswürdige Tat erfasst werden kann.

3 *Wittig*, § 12 Rdn. 5 m. w. N.

II. Ziele der Verbandsgeldbuße[4]

Die Verbandsgeldbuße soll dem Umstand Rechnung tragen, dass bei der Ahndung unternehmensbezogener Straftaten und Ordnungswidrigkeiten mangels Schuldfähigkeit des Verbandes grundsätzlich nur eine Sanktionierung der verantwortlich handelnden natürlichen Personen in Betracht käme. Die Verbandsgeldbuße stellt daher die Möglichkeit der sanktionsmäßigen **Gleichbehandlung von natürlicher Person und Verband** her, die im Sinne materieller Gerechtigkeit dringend geboten ist, zumal die Tat regelmäßig um des Verbandes willen und zu seinen Gunsten begangen wird. Hinzu kommt, dass die wirtschaftlichen Verhältnisse von natürlicher Person und Verband regelmäßig weit auseinanderliegen, sodass eine angemessene Reaktion nur bei einer Orientierung an den wirtschaftlichen Verhältnissen des Verbandes möglich ist.

Nur dann kann eine drohende Verbandsgeldbuße die gewünschte **präventive Wirkung** entfalten, die ihre Verhängung aufgrund ordnungsgemäßen Verhaltens entbehrlich macht. Entscheidend ist, dass die Gefahr der Bebußung die Vorteile der Anknüpfungstat in einer Risikoabwägung überwiegt.

Schließlich kann die Verbandsgeldbuße als Instrument der **Abschöpfung** von unrechtmäßig erlangten wirtschaftlichen Vorteilen dienen. Wie das Recht des strafrechtlichen Verfalls soll auch die Verbandsgeldbuße dem Grundsatz dienen, dass Straftaten und Ordnungswidrigkeiten sich nicht lohnen dürfen.

---

4 Ausführlich dazu *Rebmann/Roth/Herrmann*, vor § 30 Rdn. 8.

III. Regelungszusammenhang

Die Verbandsgeldbuße kann grundsätzlich an **jede Ordnungswidrigkeit oder Straftat** anknüpfen. Eine mögliche Verbandsgeldbuße kann daher (bei Vorliegen des erforderlichen Unternehmensbezuges) als Rechtsfolge eines jeden Ordnungswidrigkeiten- oder Straftatbestandes hinzugedacht werden.

Darüber hinaus ist das Zusammenspiel von §§ 9, 30 und 130 OWiG zu beachten. In Verbindung mit dem jeweiligen Tatbestand bilden diese Normen ein Instrument, mit dem auf nahezu jedes unternehmensbezogene ordnungswidrige oder strafbare Verhalten mit einer Verbandsgeldbuße reagiert werden kann[5].

Verfahrensrechtlich ist die – materiell-rechtlich selbstständige – Verbandsgeldbuße über § 30 Abs. 4 OWiG grundsätzlich an das Verfahren wegen der Anknüpfungstat gekoppelt[6]. Die Ausgestaltung des Verfahrens ist in § 444 StPO geregelt, der weitgehend auf die prozessualen Regeln der Einziehung verweist (§§ 430 ff. StPO).

5 *Gössel* in LR, § 444 Rdn. 2.

6 Satz u. D.II.

B. Voraussetzungen und Rechtsfolgen der Verbandsgeldbuße

Im Folgenden wird das materielle Recht der Verbandsgeldbußen dargestellt.

Tatbestandliche Voraussetzung der Verbandsgeldbuße ist zunächst, dass ein tauglicher Verband betroffen ist (dazu I.). Dann müsste eine taugliche Anknüpfungstat vorliegen (dazu II.). Durch diese müssten verbandsbezogene Pflichten verletzt sein oder der Verband muss durch die Tat bereichert worden sein bzw. dies müsste versucht worden sein (dazu III.) Dabei müsste ein tauglicher Täter gehandelt haben (dazu IV.).

Ist der Tatbestand erfüllt, steht es im Ermessen der zuständigen Behörde, über „ob“ und Höhe einer Verbandsgeldbuße zu entscheiden (dazu V.). Wird eine Verbandsgeldbuße festgesetzt, tritt gelegentlich die Frage auf, wie mit gesellschaftsrechtlichen Veränderungen umzugehen ist (dazu VI.).

I. Taugliche Adressaten

Im Bußgeldverfahren gilt das **Rechtsträgerprinzip**. Das bedeutet, dass das Bußgeld gegen den Rechtsträger eines Unternehmens verhängt werden kann, wenn die weiteren Voraussetzungen vorliegen. Daher ist die landläufig verwendete Bezeichnung „Unternehmensgeldbuße“ rechtlich nicht ganz genau, hat sich aber eingebürgert. Gegen das Unternehmen selbst wird gerade keine Geldbuße verhängt. Deshalb ist insbesondere in Konzernstrukturen besondere Sorgfalt bei der Zuordnung von Geldbußen geboten.

Beispiel:
Im Rahmen einer beschränkten Ausschreibung werden die A-GmbH, die noch nicht ins Handelsregister eingetragene B-GmbH sowie die einzelkaufmännisch geführte Firma C zur Angebotsabgabe aufgefordert. Um möglichst wirtschaftlich anbieten zu können, vereinbaren die Leiter der drei Unternehmen, dass dieses Mal die A-GmbH zum Zuge kommen soll. Diese teilt ihr auskömmlich kalkuliertes Angebot den anderen mit. Diese bieten ihre Leistung zu höheren Angeboten an. Vereinbart wird ebenfalls, dass die A-GmbH bei der nächsten Ausschreibung in gleicher Weise zugunsten der anderen ein Schutzangebot abgeben wird. Schließlich erhält die A-GmbH auf ihr Angebot hin den Auftrag.

In diesem Fall haben sich die jeweiligen Unternehmensleiter gemäß § 298 StGB strafbar gemacht, indem sie das auf der Absprache beruhende Angebot abgegeben haben.
Fraglich ist, ob neben der Bestrafung der natürlichen Personen auch die Verhängung von Verbandsgeldbußen in Betracht kommt.

Der Kreis der tauglichen Adressaten einer Verbandsgeldbuße ergibt sich aus § 30 Abs. 1 OWiG. Danach kann die Geldbuße gegen juristische Personen und Personenvereinigungen verhängt werden.

1. Juristische Personen

Unter einer juristischen Person versteht man eine rechtsfähige, körperschaftlich verfasste, von ihrem Mitgliederbestand grundsätzlich unabhängige Organisation.

Hier sind zunächst die **juristischen Personen des Privatrechts** zu nennen:
- rechtsfähiger Verein,
- Gesellschaft mit beschränkter Haftung,
- Aktiengesellschaft,
- Kommanditgesellschaft auf Aktien,
- Societas Europea,
- Genossenschaft,
- Stiftung und
- Versicherungsverein auf Gegenseitigkeit.

Zum Beispielsfall:
Die A-GmbH ist als klassische juristische Person des Privatrechts unproblematisch tauglicher Adressat einer Geldbuße nach § 30 OWiG.

Die Gründung einer Gesellschaft vollzieht sich in der Regel in mehreren Schritten. In der Phase bis zum Abschluss des Gesellschaftsvertrages spricht man von der **Vorgründungsgesellschaft**. Tritt diese nach außen in Erscheinung, lässt sie sich als Gesellschaft bürgerlichen Rechts (§§ 705 ff. BGB) einordnen, deren primärer Zweck der Abschluss eines Gesellschaftsvertrages ist. Nach Abschluss des Gesellschaftsvertrages aber noch vor der ggf. erforderlichen Eintragung ins Handelsregister (vgl. etwa § 11 GmbHG) wird der Zusammenschluss als **Vorgesellschaft** bezeichnet. Die Vorgründungsgesellschaft wird zivilrechtlich als Gesellschaftsform sui generis angesehen. Vorgründungsgesellschaft und Vorgesellschaft sind jeweils keine juristischen Personen und können somit auch keine tauglichen Adressaten im Sinne von § 30 Abs. 1 Nr. 1 OWiG sein. Allerdings ist zu prüfen, ob sie als Personenvereinigung im Sinne von § 30 Abs. 1 Nr. 3 OWiG anzusehen sind (dazu unten).

Anders ist es bei der sog. **fehlerhaften Gesellschaft**. Darunter versteht man eine Gesellschaft, bei der die Willenserklärungen zum Gesellschaftsvertrag nichtig oder anfechtbar sind. Wenn eine solche Gesellschaft in Vollzug gesetzt ist, kann sie abweichend von der grundsätzlichen zivilrechtlichen Regelung nur mit ex-nunc-Wirkung beendet werden[7]. Eine in diesem Sinne fehlerhafte Gesellschaft kann taugliche Adressatin eines Bußgeldbescheides sein.[8]

Der Wortlaut des § 30 OWiG differenziert nicht nach **juristischen Personen des öffentlichen Rechts** und solchen des Privatrechts. In der Praxis stellen die juristischen Personen des Privatrechts den absoluten Regelfall dar. Ob die juristischen Personen des öffentlichen Rechts überhaupt als Adressaten einer Verbandsgeldbuße in Betracht kommen, ist umstritten. Die herrschende Meinung geht davon aus, dass kein Grund für eine Differenzierung ersichtlich sei, zumal in § 130 Abs. 2 OWiG die juristische Person explizit erwähnt ist[9]. Allerdings erscheint eine Bebußung eines Bundeslandes bzw. des Bundes aufgrund der Natur der Sache nicht möglich[10]. Aufgrund des Verwaltungsaufbaus mit Rechts- und Fachaufsicht sowie parlamentarischer Kontrolle der Verwaltung wird eine zusätzliche Bebußung aber vielfach nicht erforderlich sein, sodass gemäß § 47 OWiG von einer solchen abgesehen werden kann.

2. Personenvereinigungen

Neben juristischen Personen sind auch die in § 30 OWiG genannten **Personenvereinigungen** taugliche Adressaten. Zunächst ist in § 30 Abs. 1 Nr. 2 OWiG der **nicht rechtsfähige Verein** aufgeführt. Insofern kommen u. a. etwa politische Parteien, Gewerkschaften und Sportvereine in Betracht, sofern sie nicht als rechtsfähige Vereine organisiert sind. Weiter sind auch die **rechtsfähigen Personengesellschaften** taugliche Adressaten (§ 30 Abs. 1 Nr. 3 OWiG). Nach § 14 Abs. 2 BGB handelt es sich dabei um eine Personengesellschaft, die mit der Fähigkeit ausgestattet ist, Rechte zu erwerben und Verpflichtungen einzugehen. Hier sind etwa

– die Offene Handelsgesellschaft,

---

7 Das gilt allerdings nur, wenn die Mängel nicht so gravierend sind, dass ihre Nichtbeachtung mit gewichtigen Interessen der Allgemeinheit oder schutzwürdiger Interessen Einzelner nicht in Widerspruch tritt, vgl. BGH, Urt. v. 24.10.1951 – II ZR 18/51, BGHZ 3, 285.

8 Vgl. auch *Niesler* in Graf/Jäger/Wittig, Wirtschaftsstrafrecht, § 30 OWiG Rdn. 15 m. w. N. auch zur fehlerhaften Personengesellschaft und für fehlerhafte Vereine.

9 *Gürtler* in Göhler, OWiG, § 30 Rdn. 2; *Niesler* in Graf/Jäger/Wittig, Wirtschaftsstrafrecht, § 30 OWiG Rdn. 10 m. w. N.; eingehend dazu *Rogall* in KK-OWiG, § 30 Rdn. 35 ff.

10 *Rogall* in KK-OWiG, § 30 Rdn 37.

- die Kommanditgesellschaft (auch als GmbH & Co. KG),
- die Europäische wirtschaftliche Interessenvereinigung,
- die Partnerschaftsgesellschaft und
- die Gesellschaft bürgerlichen Rechts

zu nennen.

Fraglich ist, ob § 30 Abs. 1 Nr. 3 OWiG auch für die **Vorstufen der juristischen Person** gilt. Soweit die **Vorgründungsgesellschaft als GbR** anzusehen ist, weil sie am Rechtsverkehr teilnimmt, ist das unproblematisch, weil die GbR selbst taugliche Adressatin ist. Bei der Vorgesellschaft ist das nicht abschließend geklärt[11]. Für die Akzeptanz als taugliche Adressatin spricht m. E. insbesondere, dass die Voraussetzungen des § 14 Abs. 2 BGB erfüllt sind. Denn die Rechtsprechung erkennt der Vor-GmbH die Fähigkeit zu, Rechte zu erwerben und Verbindlichkeiten einzugehen[12].

Zum Beispielsfall:
Folgt man der hier vorgeschlagenen Einordnung einer Vor-GmbH als taugliche Adressatin, kann grundsätzlich auch gegen die B-GmbH (i. Gr.) eine Verbandsgeldbuße verhängt werden.

Wie gesehen kann nahezu jede in der Praxis auftretende Gesellschaftsform taugliche Adressatin einer Geldbuße sein. Eine im Wirtschaftsleben wichtige Ausnahme ist die **einzelkaufmännisch geführte Firma**. Diese stellt gemäß § 17 Abs. 1 HBG nur den Namen dar, unter dem der Kaufmann seine Geschäfte betreibt und seine Unterschrift abgibt. Unabhängig von seiner Person ist sie nicht rechtlich selbstständig. Auf diese Firma ist § 30 OWiG nicht anwendbar. Dies stellt allerdings keine systematische Lücke dar. Die Zwecke der Verbandsgeldbuße können bei ihm auch so erreicht werden. Denn hat der Firmeninhaber selbst eine Straftat oder Ordnungswidrigkeit begangen, trifft ihn (und damit die Firma) die Rechtsfolge direkt. Hat ein Mitarbeiter gehandelt, ist stets zu prüfen, ob der Kaufmann als Inhaber seine Überwachungspflicht hinreichend ausgeübt hat. Anderenfalls kommt für ihn der Ordnungswidrigkeitentatbestand des § 130 OWiG in Betracht, sodass wiederum seine direkte Bebußung möglich ist. Überdies kommt bei einer Ordnungswidrigkeit des Mitarbeiters die Anordnung des Verfalls gegen den Kaufmann nach § 29a Abs. 2 OWiG bzw. bei einer Straftat des Mitarbeiters nach §§ 73 ff. StGB in Betracht.

---

11 *Niesler* in Graf/Jäger/Wittig, Wirtschaftsstrafrecht, § 30 OWiG Rdn. 13; a. A. *Gürtler* in Göhler, OWiG, § 30 Rdn. 7.

12 Vgl. BGH, Urt. v. 29.10.1992 – I ZR 264/90, BGHZ 120, 103.

Zum Beispielsfall:
Gegen die Firma C kann also keine Verbandsgeldbuße verhängt werden.

3. Ausländische Verbände

Der Anwendungsbereich der Verbandsgeldbuße ist nicht auf deutsche Gesellschaften beschränkt. Sofern der Anwendungsbereich nach § 5 OWiG bzw. §§ 3 ff. StGB eröffnet ist, können auch ausländische Verbände bebußt werden[13]. Voraussetzung ist, dass der fragliche Verband als juristische Person oder Personenvereinigung im Sinne der Vorschrift eingeordnet werden kann. Dazu müsste die Unternehmensverfassung derjenigen einer deutschen juristischen Person oder Personenvereinigung vergleichbar sein[14]. Das wird oftmals der Fall sein, sollte aber immer genau geprüft werden.

Da die Verhängung der Verbandsgeldbuße im Ermessen steht, dürfte mit Rücksicht auf den Aufwand einerseits und die Vollstreckbarkeit andererseits die Einleitung eines Bußgeldverfahrens gegen einen ausländischen Verband praktisch aber nur dann erfolgen, wenn dieser Sitz oder Vermögen im Inland hat[15].

13 Vgl. OLG Celle, Beschl. v. 30.11.2001 – 322 Ss 217/01 (OWiz), wistra 2002, 230: juristische Person polnischen Rechts.

14 *Gürtler* in Göhler, § 30 Rdn. 1; *Wittig*, § 12 Rdn. 11.

15 *Gürtler* in Göhler, § 30 Rdn. 1; *Wittig*, § 12 Rdn. 11.

II. Anknüpfungstat

1. Grundsatz

Als Anküpfungstat[16] für die Verhängung einer Unternehmensgeldbuße kommt grundsätzlich **jede Straftat oder Ordnungswidrigkeit** in Betracht. Eine Einschränkung ergibt sich dadurch, dass zugleich eine betriebsbezogene Pflicht verletzt werden oder eine Bereicherung des Unternehmens eintreten oder angestrebt werden muss[17].

> ***Beispiel:***
> *Bei einer beschränkten Ausschreibung der Gemeinde G ist seitens der A-GmbH ein Angebot abgegeben worden, das u. a. mit der ebenfalls zur Angebotsabgabe aufgeforderten B-GmbH abstimmt war. Ziel der Absprache war, dass die A-GmbH den Auftrag erhält. Die anderen Anbieter haben deshalb in Kenntnis des Angebotes der A-GmbH und mit dieser abgestimmt höhere Angebote abgegeben, um den Zuschlag an die A-GmbH nicht zu gefährden. Im Ermittlungsverfahren lässt sich allerdings nicht mehr feststellen, welcher der beiden Geschäftsführer der A-GmbH die Angebotsabgabe veranlasst hat. Das Verfahren wird daher nach § 170 Abs. 2 StPO eingestellt, weil keinem der beiden Gesellschafter mit der erforderlichen Sicherheit die Täterschaft nachgewiesen werden kann. Kann die A-GmbH gleichwohl noch bebußt werden?*

2. Handeln als tauglicher Täter

Außerdem muss der Täter in Ausübung seiner Eigenschaft als tauglicher Täter und nicht nur bei Gelegenheit gehandelt haben[18]. Das bringt das Gesetz durch die Formulierung „... als ...“ zum Ausdruck. Hat er ausschließlich als Privatperson gehandelt, fehlt der Tat der Unternehmensbezug, ohne den die Bebußung des Rechtsträgers illegitim und dementsprechend nicht zulässig wäre. Diese Konstellation wird z. B. für den Fall diskutiert, dass der Vorstand einer AG bei Vertragsverhandlungen einen Kugelschreiber stiehlt[19]. Bei dieser Einschränkung der Anlasstat dürfte es sich aber um eine eng begrenzte Ausnahme handeln, die nur dann eingreift, wenn jeglicher Unternehmensbezug fehlt. Das ist jedenfalls nicht schon dann der Fall, wenn der Täter außerhalb seiner internen Zuständigkeit handelt[20]. Anderenfalls könnte ein Unternehmen sich durch *organisierte Unzu-*

16 Diese wird teilweise auch als *Bezugstat* bezeichnet.
17 Vgl. ausführlich dazu B.III.
18 *Eidam*, wistra 2003, 447, 454.
19 Beispiel bei *Theile/Petermann*, JuS 2011, 496, 501 m. w. N.
20 *Theile/Petermann*, JuS 2011, 496, 501.

ständigkeit der ordnungswidrigkeitenrechtlichen Verantwortung entziehen, was der Zielsetzung des Gesetzes widerspräche.

3. Volldeliktische Verwirklichung

Die Straftat oder Ordnungswidrigkeit muss **volldeliktisch** verwirklicht sein. Neben der Tatbestandsmäßigkeit und der Rechtswidrigkeit muss also auch die Schuld bzw. bei einer Ordnungswidrigkeit Vorwerfbarkeit (§ 12 OWiG) gegeben sein[21]. Es darf also weder ein Entschuldigungsgrund noch ein unvermeidbarer Verbotsirrtum vorliegen.

Insbesondere mit einem Verbotsirrtum wird seitens der Verteidigung gelegentlich argumentiert, wenn eine bestimmte Vorgehensweise schon lange im Unternehmen praktiziert wird, ggf. durch die eigene Rechtsabteilung „abgesegnet" und eventuell sogar „branchenüblich" ist. Zu einem Ausschluss der Unternehmensgeldbuße führt ein Verbotsirrtum aber nur dann, wenn er unvermeidbar ist. An die Unvermeidbarkeit werden seitens der Rechtsprechung aber hohe Anforderungen gestellt. Im Fall des externen Rechtsrats verlangt der BGH, dass der Täter sich an einen auf dem betreffenden Rechtsgebiet versierten Anwalt wendet und auf die Richtigkeit von dessen Auskunft nach den für ihn erkennbaren Umständen vertrauen darf[22]. In der Praxis kann aber auch ein vermeidbarer Verbotsirrtum wichtig für die Verteidigung sein, weil auch dieser Umstand ein wichtiger Faktor in der Bußgeldbemessung sein kann.

Mit dem vorstehend dargestellten Erfordernis eines Schuldnachweises liegt ein wesentlicher Unterschied zu den Verfallsregelungen nach § 73 StGB und § 29a OWiG vor, wonach jeweils nur Tatbestandsmäßigkeit und Rechtswidrigkeit vorliegen müssen.

Bei Fahrlässigkeitsdelikten sind regelmäßig Feststellungen zu Organisation und Betriebsabläufen erforderlich, um die individuelle Sorgfaltspflicht zu belegen[23].

4. Person des Täters muss nicht feststehen

Eine wichtige Beweiserleichterung für die Ermittlungsbehörden ergibt sich daraus, dass nur die Begehung der Anlasstat als solche durch eine Leitungsperson nachgewiesen werden muss. Das Gesetz verlangt nur, dass ein tauglicher Täter eine Bezugstat begangen hat. Die Identität des Täters muss daher

21 *Rogall*, in KK-OWiG, § 30 Rdn. 88.

22 BGH, Urt. v. 4.4.2013 – 3 StR 521/12, NStZ 2013, 461.

23 Vgl. OLG Hamm, Beschl. v. 05.07.2000 -2 SsOwi 462/00, wistra 2000, 433.

nicht feststehen, wenn nur klar ist, dass eine Leitungsperson gehandelt hat[24]. Insofern spricht man auch von einer **anonymen Geldbuße**[25].

Zum Beispielsfall:
Im Beispiel liegt eine Straftat vor, die grundsätzlich als taugliche Anknüpfungstat in Betracht kommt. Obwohl das Verfahren eingestellt ist, kommt gleichwohl eine Bebußung der Gesellschaft in Betracht, wenn eine Leitungsperson gehandelt hat. Welche Leitungsperson das war, ist irrelevant. Da vorliegend jedenfalls ein Geschäftsführer gehandelt hat, ist diese Voraussetzung erfüllt (§ 30 Abs. 1 Nr. 1 OWiG). Der für die Individualbeschuldigten eingreifende Grundsatz „in dubio pro reo" findet in der vorliegenden Konstellation keine Anwendung auf die Gesellschaft. Denn es bestehen keine Zweifel an der Verwirklichung des Tatbestandes des § 30 Abs. 1 Nr. 1 OWiG. Auch wenn das Verfahren gegen die Individualbeschuldigten nach § 170 Abs. 2 StPO eingestellt werden muss, kann die Geldbuße gegen die A-GmbH (im selbstständigen Verfahren nach § 30 Abs. 4 Satz 1 OWiG) verhängt werden. Denn es kann bewiesen werden, dass ein tauglicher Täter im Sinne des § 30 OWiG relevant gehandelt hat.

5. Typische Anknüpfungstatbestände

In der Praxis haben sich Korruptions- und Wettbewerbsdelikte als typische Anknüpfungsdelikte erwiesen. Auch Umweltstraftaten und Steuerhinterziehung kommen regelmäßig in Betracht[26].

An typischen Ordnungswidrigkeiten ist insbesondere § 130 OWiG zu nennen. Diesem Tatbestand wird aufgrund seiner zentralen Bedeutung ein gesonderter Abschnitt gewidmet[27].

Daneben ist die Ordnungswidrigkeit nach §§ 1, 81 GWB bedeutsam, die in vielen Fällen zum Tragen kommt, wenn die Straftat nach § 298 StGB etwa aufgrund der gewählten Vergabeart nicht erfüllt ist[28].

6. § 130 OWiG

Der in der Praxis mit Abstand wichtigste Ordnungswidrigkeitentatbestand, der als Anknüpfungstat in Betracht kommt, ist § 130 OWiG[29]. Im Zusammenspiel mit § 9 OWiG und § 30 OWiG eröffnet er für nahezu jede betriebs-

---

24 OLG Hamm, Beschl. v. 05.07.2000 -2 SsOwi 462/00, wistra 2000, 433; *Többens*, NStZ 1999, 1, 7.
25 *Theile/Petermann*, JuS 2011, 496, 501; *Wittig*, § 12 Rdn. 16.
26 Vgl. auch Nr. 180a Abs. 2 Satz 3 RiStBV.
27 Sogleich B.II.6.
28 Vgl. *Greeve*, Korruptionsdelikte in der Praxis, Rdn. 401.
29 Dazu umfassend *Többens*, NStZ 1999, 1 ff.

oder unternehmensbezogene Ordnungswidrigkeit oder Straftat die Möglichkeit der Verbandsgeldbuße. § 130 OWiG lautet:

(1) Wer als Inhaber eines Betriebes oder Unternehmens vorsätzlich oder fahrlässig die Aufsichtsmaßnahmen unterlässt, die erforderlich sind, um in dem Betrieb oder Unternehmen Zuwiderhandlungen gegen Pflichten zu verhindern, die den Inhaber treffen und deren Verletzung mit Strafe oder Geldbuße bedroht ist, handelt ordnungswidrig, wenn eine solche Zuwiderhandlung begangen wird, die durch gehörige Aufsicht verhindert oder wesentlich erschwert worden wäre. Zu den erforderlichen Aufsichtsmaßnahmen gehören auch die Bestellung, sorgfältige Auswahl und Überwachung von Aufsichtspersonen.
(2) Betrieb oder Unternehmen im Sinne des Absatzes 1 ist auch das öffentliche Unternehmen.
(3) Die Ordnungswidrigkeit kann, wenn die Pflichtverletzung mit Strafe bedroht ist, mit einer Geldbuße bis zu einer Million Euro geahndet werden. § 30 Absatz 2 Satz 3 ist anzuwenden. Ist die Pflichtverletzung mit Geldbuße bedroht, so bestimmt sich das Höchstmaß der Geldbuße wegen der Aufsichtspflichtverletzung nach dem für die Pflichtverletzung angedrohten Höchstmaß der Geldbuße. Satz 3 gilt auch im Falle einer Pflichtverletzung, die gleichzeitig mit Strafe und Geldbuße bedroht ist, wenn das für die Pflichtverletzung angedrohte Höchstmaß der Geldbuße das Höchstmaß nach Satz 1 übersteigt.

Der Tatbestand lässt sich wie folgt untergliedern:

I. Objektiver Tatbestand
   1. Tauglicher Täter: Inhaber eines Betriebes oder Unternehmens
   2. Unterlassen von Aufsichtsmaßnahmen
II. Subjektiver Tatbestand
   Vorsatz oder Fahrlässigkeit bzgl. I.
III. Objektive Bedingung der Ahndbarkeit: Zurechenbare Zuwiderhandlung
IV. Rechtswidrigkeit
V. Vorwerfbarkeit

a) Inhaber eines Betriebes oder Unternehmens

Normadressaten des § 130 OWiG sind, wie aus dem Wortlaut zwanglos folgt, Inhaber eines Betriebes oder Unternehmens. Als Inhaber ist derjenige anzusehen, dem die Pflicht obliegt, die den Betrieb bzw. das Unternehmen trifft[30]. Zu den Unternehmen zählen gemäß § 130 Abs. 2 OWiG auch die öffentlichen Unternehmen. Damit sind neben Eigenbetrieben der öffentlichen Verwaltung auch rechtsfähige Anstalten des öffentlichen Rechts und privatrechtliche Gesellschaften, hinter denen wirtschaftlich ein Verwal-

---

30 *Rogall* in KK-OWiG, § 130 Rdn. 25.

tungsträger steht, gemeint[31]. Dieser zunächst enge Adressatenkreis wird durch § 9 OWiG erheblich ausgeweitet. § 9 OWiG lautet:

(1) Handelt jemand
1. als vertretungsberechtigtes Organ einer juristischen Person oder als Mitglied eines solchen Organs,
2. als vertretungsberechtigter Gesellschafter einer rechtsfähigen Personengesellschaft oder
3. als gesetzlicher Vertreter eines anderen,
so ist ein Gesetz, nach dem besondere persönliche Eigenschaften, Verhältnisse oder Umstände (besondere persönliche Merkmale) die Möglichkeit der Ahndung begründen, auch auf den Vertreter anzuwenden, wenn diese Merkmale zwar nicht bei ihm, aber bei dem Vertretenen vorliegen.
(2) Ist jemand von dem Inhaber eines Betriebes oder einem sonst dazu Befugten
1. beauftragt, den Betrieb ganz oder zum Teil zu leiten, oder
2. ausdrücklich beauftragt, in eigener Verantwortung Aufgaben wahrzunehmen, die dem Inhaber des Betriebes obliegen,
und handelt er auf Grund dieses Auftrages, so ist ein Gesetz, nach dem besondere persönliche Merkmale die Möglichkeit der Ahndung begründen, auch auf den Beauftragten anzuwenden, wenn diese Merkmale zwar nicht bei ihm, aber bei dem Inhaber des Betriebes vorliegen. Dem Betrieb im Sinne des Satzes 1 steht das Unternehmen gleich. Handelt jemand aufgrund eines entsprechenden Auftrages für eine Stelle, die Aufgaben der öffentlichen Verwaltung wahrnimmt, so ist Satz 1 sinngemäß anzuwenden.
(3) Die Absätze 1 und 2 sind auch dann anzuwenden, wenn die Rechtshandlung, welche die Vertretungsbefugnis oder das Auftragsverhältnis begründen sollte, unwirksam ist.

§ 9 Abs. 1 OWiG setzt also zunächst ein Gesetz voraus, nach dem besondere persönliche Merkmale die Möglichkeit der Ahndung begründen, also ein **Sonderdelikt**. Um ein solches handelt es sich bei § 130 OWiG, weil es sich nur an Inhaber eines Betriebes oder Unternehmens richtet.

Nach § 9 Abs. 1 Nr. 1 OWiG ist der Tatbestand des § 130 OWiG auch dann anwendbar, wenn der Inhaber eine juristische Person ist, die als solche nur durch ihre Organe handlungsfähig ist. Dementsprechend kommt es auf das Handeln ihrer vertretungsberechtigten Organe oder deren Mitglieder an. Ist Inhaber des fraglichen Unternehmens etwa eine GmbH, so ist maßgeblich, was dem Geschäftsführer vorzuwerfen ist.

§ 9 Abs. 1 Nr. 2 OWiG bestimmt dasselbe für den vertretungsberechtigten Gesellschafter einer Personengesellschaft. Geht es zum Beispiel um eine **GmbH & Co. KG**, welche Inhaberin ist, ist § 130 OWiG anwendbar, wenn

31 *Rogall* in KK-OWiG, § 130 Rdn. 30 m. w. N.

der Komplementär gehandelt hat, in diesem Fall die GmbH. Im Hinblick auf diese gilt das oben Gesagte, sodass es auch für die GmbH & Co. KG letztlich wieder auf den Geschäftsführer der Komplementär-GmbH ankommt.

§ 9 Abs. 1 Nr. 3 OWiG betrifft sonstige Fälle der gesetzlichen Vertretung, ist aber weniger praxisrelevant.

Auch wenn der Vertreter nach § 9 Abs. 1 OWiG nicht verantwortlich war, kommt u. U. die Anwendbarkeit von § 130 OWiG in Betracht. Denn soweit der Vertreter im Sinne von § 9 Abs. 1 OWiG seine Pflichten an weitere Personen delegiert, kommt eine Anwendung von § 130 OWiG in bestimmten Fällen auch bei diesen in Betracht. Das ist der Fall, wenn die Voraussetzungen von § 9 Abs. 2 OWiG erfüllt sind. Danach ist (neben dem Täter nach § 9 Abs. 1[32]) als Vertreter anzusehen, wer vom Betriebsinhaber oder einem sonst dazu Befugten beauftragt ist, den Betrieb ganz oder zum Teil zu leiten (Nr. 1) oder ausdrücklich beauftragt ist, in eigener Verantwortung Aufgaben wahrzunehmen, die dem Inhaber des Betriebes oder Unternehmens obliegen (Nr. 2). Das kann im Ergebnis im Einzelfall dazu führen, dass Pflichtverletzungen auf sehr niedriger Hierarchieebene zu einer Pflichtverletzung nach § 130 OWiG und damit letztlich zu einer Verbandsgeldbuße nach § 30 OWiG führen. Voraussetzung dafür ist aber stets, dass der Beauftragte aufgrund des ihm erteilten Auftrages und nicht nur „bei Gelegenheit“ handelt.

Beispiel:
In der A-GmbH ist seit jeher der Hausmeister auf Anweisung des Geschäftsführers für den Dienstwagen zuständig. Der Hausmeister versäumt versehentlich die Vorführung beim TÜV (Ordnungswidrigkeit nach § 69a Abs. 2 Nr. 14 StVZO).
Die Vorführplicht trifft den Inhaber. Aufgrund der organisatorischen Zuständigkeit des Hausmeisters für den Dienstwagen dürfte dieser gemäß § 9 Abs. 2 Nr. 2 OWiG im ausdrücklichen Auftrag des Inhabers gehandelt haben. Hat der Geschäftsführer dabei seine Auswahl- und Überwachungspflicht verletzt, so kann die Ordnungswidrigkeit des Hausmeisters taugliche Anknüpfungstat nach § 130 OWiG sein, die bei Vorliegen der weiteren Voraussetzungen grundsätzlich die Möglichkeit der Geldbuße eröffnet.

Das Beispiel zeigt, dass über das Zusammenspiel von §§ 9, 30, 130 OWiG nahezu jede Straftat oder Ordnungswidrigkeit jedenfalls grundsätzlich zur Verbandsgeldbuße führen kann.

Die somit umfassende Erfassung aller betriebs- und unternehmensbezogenen Ordnungswidrigkeiten ist weiter dadurch verstärkt, dass nach § 9 Abs. 3 OWiG Mängel des Bestellungsaktes nach § 9 Abs. 1 und 2 unwirksam sind.

---

32 *Gürtler* in Göhler, § 9 Rdn. 36.

Sonderproblem: Konzernobergesellschaft
In einem Konzern stellen sich in diesem Zusammenhang teilweise ungeklärte Fragen. Ein Konzern ist der Zusammenschluss mehrerer selbstständiger bzw. unselbstständiger Unternehmen unter einheitlicher Leitung.

Beispiel:
Eine Aktiengesellschaft als Konzernobergesellschaft hält sämtliche Anteile einer GmbH und nimmt Einfluss auf die Geschäftsführung.

Unproblematisch ist der Inhaber der Konzernobergesellschaft als solcher tauglicher Adressat des § 130 OWiG in Bezug auf die Aktiengesellschaft. Ebenso unproblematisch ist der Inhaber des Tochterunternehmens tauglicher Adressat in Bezug auf das Tochterunternehmen. Im Fall der GmbH ist dies gemäß § 9 Abs. 1 Nr. 1 OWiG der Geschäftsführer. Aufgrund des faktischen Einflusses der Konzernspitze auf die Tochtergesellschaft stellt sich die Frage, ob eine damit korrespondierende ordnungswidrigkeitenrechtliche Aufsichtsplicht besteht. Im Beispielsfall: Sind die Mitglieder des Vorstandes der Aktiengesellschaft auch „Inhaber" im Sinne des § 130 OWiG der Tochtergesellschaft? Diese Frage ist von der Rechtsprechung noch nicht beantwortet und in der Literatur umstritten[33].
Für die Praxis ist daher Vorsicht geboten. Im präventiven Bereich sollte vorsorglich von einer entsprechenden Pflicht ausgegangen werden. Insofern lässt sich auch dem Risiko einer eigenen Ordnungswidrigkeit des Inhabers der Konzernobergesellschaft begegnen, das in der etwaigen Beteiligung an einer Ordnungswidrigkeit des Inhabers der Tochtergesellschaft liegen könnte[34].

b) Unterlassen von Aufsichtsmaßnahmen

Der Tatbestand setzt voraus, dass der Täter erforderliche Aufsichtsmaßnahmen unterlassen hat. Die Frage nach der Erforderlichkeit einer Aufsichtsmaßnahme stellt sich oftmals erst im Nachhinein, wenn es bereits zu einer Ordnungswidrigkeit oder Straftat gekommen ist. Zu prüfen ist dann: „Wie konnte das passieren?".

Kann der fragliche Vorfall einer mangelnden Aufsicht angelastet werden? Hierbei ist anerkannt, dass nicht jeder negative Vorfall einen Rückschluss auf mangelnde Aufsicht zulässt[35], zumal nicht jeder Pflichtverstoß verhindert werden kann. Welche Maßnahme erforderlich ist, lässt sich nicht allgemein sagen. Die Erforderlichkeit richtet sich nach den konkreten Unternehmen (Geschäftsfeld, Unternehmensgröße, Beschäftigungsstruktur, etc.).

---

33 Meinungstand bei *Rogall* in KK-OWiG 130 Rdn. 27.

34 Dazu *Gürtler* in Göhler, § 130 Rdn. 5a a. E.

35 Vgl. etwa *Rogall* in KK-OWiG, § 130 Rdn. 56.

Betrachtet man den fraglichen Vorfall im Nachhinein (was bei einem Ermittlungsverfahren die natürliche Perspektive ist), so wird sich fast immer eine bestimmte Aufsichtsmaßnahme finden lassen, die ggf. in Kombination mit weiteren Maßnahmen die Tat verhindert hätte – *„Nachher ist man immer klüger“*. Wäre das ausreichend, um ein Unterlassen von erforderlichen Aufsichtsmaßnahmen zu begründen, wäre das Risiko für das jeweilige Unternehmen enorm. Zudem wäre die Vorschrift in ihrer konkreten Ausgestaltung überflüssig. Denn dann würde im Ergebnis jede unternehmensbezogene Ordnungswidrigkeit oder Straftat eines Mitarbeiters **zwangsläufig** zur Verbandsgeldbuße führen. Das aber wäre jedenfalls dann unverhältnismäßig, wenn mit einigem Aufwand tatsächlich Aufsichtsmaßnahmen betrieben werden. Und deshalb stellt die Regelung des § 130 OWiG der Sache nach faktisch ein Korrektiv für die uneingeschränkte Zurechnung dar. Andererseits kann es für die Erforderlichkeit von Aufsichtsmaßnahmen nicht auf die individuelle Sorglosigkeit des Inhabers ankommen. Das kann für die Frage der Erforderlichkeit von Aufsichtsmaßnahmen nur bedeuten, dass diese aus **ex-ante-Sicht eines verständigen Unternehmens- bzw. Betriebsinhabers** zu beurteilen ist.

Da dieser verständige Inhaber letztlich eine normative Kategorie ist, sind insoweit Meinungsverschiedenheiten vorprogrammiert. Je nach Perspektive werden die Vorstellungen variieren. Für den präventiven Bereich ist daher erwägenswert, sich bei der Konzipierung der Aufsicht selbst einen besonders strengen Maßstab aufzuerlegen.

Nachfolgend sollen kurz diejenigen Aufsichtsbereiche dargestellt werden, die regelmäßig abgedeckt werden müssen, wobei die inhaltliche Tiefe sich aus den Besonderheiten des jeweiligen Unternehmens selbst ergeben muss.

Zunächst muss geeignetes Personal eingesetzt werden. Das beginnt mit der Einstellung und setzt sich in der konkreten Aufgabenzuweisung fort. Kommt es zu einem Verstoß und stellt sich heraus, dass die handelnde Person für die ihr zugewiesene Aufgabe fachlich oder persönlich ungeeignet war, liegt ein Aufsichtsfehler nahe.

Das solchermaßen ausgewählte Personal muss so eingesetzt werden, dass die inhaberbezogenen Pflichten im Wege der Delegation vollständig erfüllt werden. Dazu dürfte auch gehören, dass die Arbeit realistischerweise zu bewältigen ist und nicht etwa einer einzelnen Person so viele Aufgaben übertragen werden, dass von vornherein nicht mit einer vollständigen Erledigung gerechnet werden kann.

Soweit die Aufsicht aufgrund der Unternehmensgröße nicht durch den Inhaber in persona erfolgen kann, ist auch insoweit eine Delegation möglich. Allerdings sind auch die Aufsichtspersonen ihrerseits ordnungsgemäß auszuwählen und zu überwachen. In einer dem permanenten Wandel unterworfenen Arbeitswelt reicht die richtige Auswahl eines Mitarbeiters nicht aus, wenn sich die rechtlichen Rahmenbedingungen geändert haben. Dann ist es vielmehr erforderlich, die Mitarbeiter regelmäßig zu schulen[36]. Das gilt umso mehr, wenn das fragliche Geschäftsfeld stark reguliert ist. Bei solchen Schulungen empfiehlt sich, dass nicht bloß die abstrakten Gesetzestexte bzw. sonstige Regelwerke zugänglich gemacht werden, sondern dass eine am Empfängerhorizont orientierte Darstellung erfolgt. Denn falls sich ein Mitarbeiter auf einen Verbotsirrtum berufen sollte, stellt dies ggf. ein Indiz für eine Aufsichtspflichtverletzung in dem Sinne dar, dass die erforderliche Schulung und Instruktion unterblieben ist. Letztere Aufsichtsaufgabe stellt sich für das Unternehmen eben nicht als einmalige Pflicht, sondern als Daueraufgabe dar.

Um im Fall der Fälle eine ordnungsgemäße Information der Mitarbeiter nachweisen zu können, empfiehlt sich eine **Dokumentation von Art und Inhalt** der Schulung sowie des Teilnehmerkreises. Umfang und Regelmäßigkeit der Schulungen lassen sich nicht allgemein festlegen, sondern richten sich nach dem rechtlichen und tatsächlichen Geschäftsumfeld. Zur ordnungsgemäßen Aufsicht gehört auch die **Kontrolle durch Stichproben**, die regelmäßig, aber um den Kontrollzweck nicht zu unterlaufen, unangekündigt sein sollten[37].

Sollte es zu einer unternehmensbezogenen Straftat oder Ordnungswidrigkeit kommen, gehört es zu der Aufsichtspflicht, dass der Inhaber darauf mit einer geeigneten Sanktion reagiert[38]. Denn auch die beste Aufsicht wird sich als stumpfes Schwert erweisen, wenn die Verfehlungen letztlich sanktionslos bleiben und die Mitarbeiter sich darauf einstellen können. Die Grenze der Zulässigkeit entsprechender Maßnahmen ist die arbeitsrechtliche Zulässigkeit von Sanktionen.

Neben einer Sanktion hat eine erfolgte Unregelmäßigkeit auch eine **gesteigerte Aufsichtspflicht** zur Folge. Wer bereits einmal aufgefallen ist, muss (sofern die Zusammenarbeit überhaupt noch fortgesetzt wird) besonders kritisch überwacht werden[39]. Unterbleibt dies und kommt es zu einem neuerlichen Verstoß, so drängt sich dessen Vermeidbarkeit durch Kontrolle geradezu auf. Dies wäre ein starkes Indiz für einen Aufsichtsfehler. Um Bußgeldrisiken zu vermeiden, empfiehlt sich, auch die Wahrnehmung der gesteigerten Aufsichtspflicht in geeigneter Weise zu dokumentieren.

c) Zuwiderhandlung

Liegt eine Aufsichtspflichtverletzung vor, so setzt der Tatbestand weiter voraus, dass eine

36 *Rogall* in KK-OWiG, § 130 Rdn. 59 f.

37 *Rogall* in KK-OWiG, § 130 Rdn. 63 f.

38 *Rogall* in KK-OWiG, § 130 Rdn. 65.

39 *Rogall* in KK-OWiG, § 130 Rdn. 68 f. m. w. N.

Zuwiderhandlung begangen [...], die durch gehörige Aufsicht verhindert oder wesentlich erschwert worden wäre.

Dieses Erfordernis stellt nach allgemeiner Meinung eine **objektive Bedingung der Ahndbarkeit** dar[40]. Das bedeutet, dass die Zuwiderhandlung nur objektiv vorliegen muss, sich aber Vorsatz bzw. Fahrlässigkeit der Aufsichtsperson darauf nicht erstrecken müssen.

Eine Zuwiderhandlung in diesem Sinne muss zunächst eine Ordnungswidrigkeit oder Straftat sein. Durch diese müssten betriebs- oder unternehmensbezogene Pflichten verletzt worden sein. Zu solchen Pflichten zählen zum einen Sonderpflichten, die den Inhaber als solchen in seiner Eigenschaft etwa als Arbeitgeber oder KFZ-Halter, etc. treffen. Zum anderen sind aber auch „Allgemeinpflichten" erfasst[41].

Hier ist etwa an die allgemeine Verkehrssicherungspflicht zu denken. Insgesamt ist aber die Frage nach der Betriebsbezogenheit außerordentlich umstritten[42]. Für die Praxis bedeutet dies, dass Pflichtverletzungen, die auch nur einen leichten Bezug zu dem Unternehmen oder Betrieb aufweisen, jedenfalls für den betroffenen Verband das ernstzunehmende Risiko einer Verbandsgeldbuße bedeuten.

Der Tatbestand sieht vor, dass eine Zuwiderhandlung erfolgen muss. Wer sie begangen haben muss, regelt der Tatbestand hingegen nicht. Insbesondere sieht er nicht vor, dass dies ein Angehöriger des Betriebs oder Unternehmens sein muss. Die herrschende Meinung geht daher davon aus, dass der Täter nicht zwingend Betriebsangehöriger sein muss. Eine gewisse Zuordnung zur Organisationssphäre des Betriebs- oder Unternehmens ist allerdings erforderlich, wobei die Details umstritten sind[43]. Das ist auch sachgerecht, da der Inhaber sich sonst seiner bußgeldrechtlichen Verantwortung durch systematischem Einsatz betriebsfremder Personen entledigen könnte. Eine zu weite Ausdehnung ist hingegen wenig sinnvoll und letztlich irrelevant, weil bei einem vollständig ausgelagerten Bereich die Möglichkeit zur Wahrnehmung der Aufsicht im vorgenannten Sinne gar nicht besteht, sodass ein vorwerfbarer Verstoß gegen die Aufsichtspflicht wegen Unmöglichkeit ausscheidet.

Abgesehen davon, *dass* eine Person aus der Sphäre des Betriebs oder Unternehmens die Zuwiderhandlung begangen haben muss, ist nicht die Feststellung erforderlich, um welche konkrete Person es sich handelt. Lässt sich nicht klären, wer gehandelt hat, greift daher nicht der Grundsatz „in dubio pro reo".

---

40 *Gürtler* in Göhler, § 130 Rdn. 17 m. w. N.

41 *Gürtler* in Göhler, § 130 Rdn. 18; *Rogall*, § 130 Rdn. 82 ff.

42 Ausführlich zum Meinungsstand *Rogall* in KK-OWiG, § 130 Rdn. 87.

43 Ausführlich dazu *Rogall* in KK-OWiG, § 130 Rdn. 108 m. w. N.

d) Zurechenbarkeit der Zuwiderhandlung

Die Zuwiderhandlung muss der Aufsichtspflichtverletzung zurechenbar sein. Von einer solchen Zurechenbarkeit geht der Tatbestand aus, wenn die Zuwiderhandlung „durch gehörige Aufsicht verhindert oder wesentlich erschwert worden wäre". Es bestehen also zwei Zurechnungsvarianten:

Die erste Variante ist die hypothetische Verhinderung der Zuwiderhandlung durch eine erforderliche Aufsichtsmaßnahme. Diese Variante ist klar nachvollziehbar, aber ihre Anforderungen werden in der Praxis oftmals nicht nachweisbar sein. Regelmäßig wird sich die Frage stellen, ob die Maßnahme die Zuwiderhandlung tatsächlich auf jeden Fall verhindert hätte, oder ob es trotz der gehörigen Aufsicht dazu gekommen wäre. In solchen Fällen kann die zweite Variante eingreifen: die hypothetische wesentliche Erschwerung der Zuwiderhandlung. Sie ist gegeben, wenn eine hypothetische Verhinderungskausalität zwar nicht sicher ist, aber die Zuwiderhandlung jedenfalls wesentlich erschwert worden wäre. Problematisch ist insofern der unbestimmte Terminus „wesentlich". Wann eine Erschwerung von Verwaltungsbehörden bzw. Justiz als wesentlich angesehen wird, lässt sich allerdings nicht sicher prognostizieren. In der Literatur wird insoweit teils vertreten, dass die Aufsichtsmaßnahme geeignet sein muss, die Zuwiderhandlung zu beseitigen[44]. Teilweise wird es für ausreichend erachtet, wenn eine wesentliche Erschwerung normwidrigen Verhaltens möglich erscheint[45].

Vor dem Hintergrund des Meinungsstandes lässt sich für die Praxis festhalten, dass eine erfolgte Zuwiderhandlung jedenfalls das (Prozess-)Risiko des Tatbestandes des § 130 StGB in sich trägt, auch wenn keine hypothetische Verhinderungskausalität vorliegt.

Neben der hypothetischen Verhinderung oder Erschwerung der Zuwiderhandlung muss noch ein **Schutzzweckzusammenhang** vorliegen. Das heißt, die versäumte Aufsichtsmaßnahme hätte die konkret eingetretene Zuwiderhandlung verhindern *sollen*. Die bloße Kausalität reicht eben nicht aus. Angesichts der Vielzahl der denkbaren Aufsichtsmaßnahmen und ihrer (teils erst im Nachhinein zu ermittelnden Schutzrichtung) kommt diesem Kriterium in der Praxis keine zentrale Rolle zu. Lediglich in Ausnahmefällen wird es zu einem Tatbestandsausschluss wegen fehlenden Schutzzweckzusammenhangs kommen[46].

---

44 *Achenbach*, wistra 1998, 296, 300; *Gürtler* in Göhler, § 130 Rdn. 22a.

45 *Rogall* in KK-OWiG, § 130 Rdn. 117.

46 Beispielskonstellation für fehlenden Schutzzweckzusammenhang bei *Rogall* in KK-OWiG, § 130 Rdn. 118.

7. Verfolgbarkeit der Anknüpfungstat

Ob die Anlasstat tatsächlich verfolgt wird, ist nicht entscheidend. Auch wenn das Verfahren nach §§ 153 ff. StPO bzw. § 47 OWiG eingestellt worden ist, kann eine Verbandsgeldbuße verhängt werden. Maßgeblich ist, ob die Tat grundsätzlich verfolgbar ist. Damit scheidet das Bußgeldverfahren in den Fällen aus, in denen rechtliche Gründe der Verfolgung entgegenstehen, **§ 30 Abs. 4 Satz 2 OWiG**. Diese Ausgestaltung ist § 76a Abs. 1 StGB ähnlich. Diese Vorschrift gestattet die Verfallsanordnung nach den gleichen Maßstäben, wenn die Straftat selbst nicht verfolgt wird. Rechtliches Hindernis ist insoweit insbesondere die **Verjährung der Anknüpfungstat**.[47] Ob der Tod des Täters ebenfalls so zu behandeln ist, ist streitig[48].

Auch **persönliche Strafaufhebungsgründe** können dazu führen, dass die Tat aus rechtlichen Gründen nicht mehr verfolgt werden kann. Ist die Anknüpfungstat eine Steuerhinterziehung, so kann eine **Selbstanzeige** nach § 371 AO ein solcher Strafaufhebungsgrund sein. Voraussetzung für den Ausschluss der Verbandsgeldbuße in diesem Fall ist aber, dass die Selbstanzeige einerseits vollständig ist und andererseits, dass alle an dem Delikt beteiligten Leitungspersonen wirksam die Selbstanzeige abgegeben[49].

Schließlich liegt auch bei einem **Rücktritt vom Versuch** nach § 24 StGB ein persönlicher Strafaufhebungsgrund vor, sodass auch insoweit eine Verbandsgeldbuße gemäß § 30 Abs. 4 Satz 3 OWiG ausscheiden dürfte[50]. Wichtig ist wiederum, dass alle beteiligten Leitungspersonen zurücktreten. Ist auch nur einer von ihnen – und sei es wegen einer untergeordneten Beteiligung – verfolgbar, ist die Verbandsgeldbuße weiterhin möglich.

Faustregel:
Taugliche Bezugstat ist jede unternehmensbezogene, verfolgbare Straftat oder Ordnungswidrigkeit, unabhängig davon, ob sie verfolgt wird.

Sonderproblem: Straftaten zum Nachteil des betroffenen Unternehmens
Fraglich ist, ob auch Straftaten und Ordnungswidrigkeiten zum Nachteil des Unternehmens als Anknüpfungstat in Betracht kommen. Die Frage stellt sich etwa, wenn zunächst wegen verschiedener Delikte ermittelt wird und sich nach Abschluss der Ermittlungen nur eine Straftat zum Nachteil des betroffenen Verbandes nachweisen lässt. Hierzu werden etwa folgende Konstellationen diskutiert[51]: Ein Mitarbeiter bil-

47 *Gürtler* in Göhler, § 30 Rdn. 42.

48 Dagegen Fischer, StGB, § 76a Rdn. 6 m.w.N auch zur Gegenauffassung.

49 Ausführlich dazu, auch zur fehlenden höchstrichterlichen Rechtsprechung zu dieser Frage *Beyer*, BB 2016, 542 f.

50 *Beyer*, BB 2016, 542 f.

51 *Peukert/Altenburg*, BB 2015, 2822 ff.; *Hoven/Wimmer/Schwarz/Schumann* NZWiSt 2014, 161 ff.; *Groß/Reichling*, wistra 2013, 89, 92.

det eine „schwarze Kasse" um auf dieser Grundlage später Bestechungszahlungen nach § 299 StGB vorzunehmen, wobei sich Letzteres nicht nachweisen lässt. Oder: Der Mitarbeiter einer Einkaufsabteilung lässt sich „schmieren" und veranlasst den Ankauf von überteuerten Waren trotz günstigerer Angebote von Wettbewerbern. Hierdurch wird der betroffene Verband erheblich geschädigt. Abschließend geklärt ist der Umgang mit diesen Fallgruppen noch nicht. Daher empfiehlt es sich, in diesen Konstellationen zunächst genau zu prüfen, ob durch den fraglichen Lebenssachverhalt *nur* das betroffene Unternehmen (oder wie im Fall des korrupten Mitarbeiters der Einkaufsabteilung auch der Wettbewerb und damit die ausgeschaltete Konkurrenz) geschädigt ist.

Sollte man dazu kommen, dass auch eine Tat zum Nachteil des betroffenen Verbandes im Einzelfall als tatbestandsmäßige Anknüpfungstat in Betracht kommt, kann diesem Nachteil aber auf der Rechtsfolgenseite erhebliche Bedeutung bei der Ermessensausübung hinsichtlich „Ob" und Höhe eines Bußgeldes zukommen. Dieser Aspekt dürfte übrigens auch dann eine Rolle spielen, wenn die Tat sich zum Nachteil Anderer und zum Nachteil des Unternehmens ausgewirkt hat.

III. „Qualifikation“ der Bezugstat

Eine Einschränkung erfährt die taugliche Anknüpfungstat durch das zusätzliche Erfordernis, dass durch die Anknüpfungstat

Pflichten, welche die juristische Person oder die Personenvereinigung treffen, verletzt worden sind oder die juristische Person oder die Personenvereinigung bereichert worden ist oder werden sollte.

Aufgrund der alternativen Ausgestaltung muss nur **eine der drei Varianten** vorliegen. Im Ergebnis führt das dazu, dass nur solche Konstellationen aus dem Tatbestand des § 30 OWiG ausscheiden, bei denen eine Verbandsgeldbuße ohnehin mangels Verbandsbezugs schlicht illegitim wäre und die im Fall der Tatbestandsmäßigkeit eine Einstellung nach dem Opportunitätsprinzip nahelägen[52]. Die drei Varianten werden nachfolgend dargestellt.

1. Verletzung verbandsbezogener Pflichten

Die Anknüpfungstat kann nur dann zu einer Verbandsgeldbuße führen, wenn verbandsbezogene Pflichten verletzt worden sind[53]. Hier gelten im Wesentlichen die Grundsätze wie bei der *Pflicht, die den Inhaber trifft* im Rahmen von § 130 OWiG[54]. Zu diesen Pflichten gehören zunächst die **Sonderpflichten**. Damit sind Vorschriften gemeint, die den Verband direkt in die Pflicht nehmen, etwa in seiner Funktion als Arbeitgeber, KFZ-Halter, etc.[55] Daneben können auch **Allgemeinpflichten** verbandsbezogen sein. Diese sind Pflichten, die grundsätzlich jedermann obliegen. Sie sind dann verbandsbezogen, wenn sie im Zusammenhang mit dem Geschäftsbetrieb des Verbandes stehen. In der Praxis ist insbesondere an die Verkehrssicherungspflichten zu denken.

2. Bereicherung des Verbandes

Unabhängig davon, ob eine verbandsbezogene Pflicht verletzt ist, kann die Anknüpfungstat auch dann zur Geldbuße führen, wenn der Verband **durch die Anknüpfungstat bereichert** ist. In der Regel wird eine Bereicherung indes bereits auf die Verletzung verbandsbezogener Pflichten zurückgehen. Ein eigenständiger Anwendungsbereich der Bereicherungs-Variante kommt etwa bei allgemeinen Delikten wie Betrug oder Erpressung in Betracht[56].

---

52 Vgl. das Beispiel bei *Rogall* in KK-OWiG, § 30 Rdn. 103.

53 Trotz des verwendeten Plurals dürfte die Verletzung einer Pflicht ausreichen.

54 *Rogall* in KK-OWiG, § 30 Rdn. 90.

55 Weitere Anwendungsfälle bei *Gürtler* in Göhler, § 30 Rdn. 17.

56 *Rogall* in KK-OWiG, § 30 Rdn. 96; *Gürtler* in Göhler, § 30 Rdn. 22.

Unter Bereicherung versteht man jede günstigere Gestaltung der Vermögenslage. Auch mittelbare Vorteile wie etwa eine verbesserte Wettbewerbsposition reichen aus[57]. Ersatzansprüche von Personen, die durch die Anknüpfungstat verletzt worden sind, stehen der Annahme einer Bereicherung nicht entgegen[58].

3. Erstrebte Bereicherung

Schließlich ist auch die **erstrebte Bereicherung** hinreichende Qualifikation für die Anknüpfungstat. Dieser Variante kommt dann entscheidende Bedeutung zu, wenn es (aus welchem Grund auch immer) nicht zu der Bereicherung gekommen ist. In der Praxis ist etwa an die Konstellation zu denken, dass die Ermittlungen die Tat aufgedeckt haben, bevor es zu der Bereicherung kommen konnte. Diese – für den Täter unvorhergesehene und nicht seinem Willen entsprechende – Situation kann dem Verband nicht in dem Maße zugutekommen, als dass eine Geldbuße nicht möglich wäre. Aber sie kann naturgemäß keinen „abschöpfenden Anteil“ enthalten.

57 *Rogall* in KK-OWiG, § 30 Rdn. 99.

58 *Rogall* in KK-OWiG, § 30 Rdn. 100; *Gürtler* in Göhler, § 30 Rdn. 23.

IV. Tauglicher Täter

§ 30 Abs. 1 OWiG bezeichnet den Personenkreis möglicher Täter, deren Handlungen oder Unterlassungen eine Geldbuße gegen die juristische Person oder Personenvereinigung auslösen kann.

Die Festsetzung einer Geldbuße gegen die juristische Person oder Personenvereinigung hängt gem. § 30 Abs. 1 OWiG zunächst davon ab, dass das vertretungsberechtigte Organ einer juristischen Person oder ein Mitglied eines solchen Organs, der Vorstand eines nicht rechtsfähigen Vereins, der vertretungsberechtigte Gesellschafter einer rechtsfähigen Personengesellschaft, der Generalbevollmächtigte oder in leitender Stellung befindliche Prokurist bzw. Handlungsbevollmächtigte der juristischen Person, des nicht rechtsfähigen Vereins oder der rechtsfähigen Personengesellschaft oder schließlich eine besondere verantwortliche Leitungsperson aus dem genannten Bereich eine Straftat oder Ordnungswidrigkeit, mithin eine Anknüpfungstat begangen hat.

Welcher Personenkreis hierfür in Betracht kommt, wird vom Gesetzgeber abschließend beschrieben, jedoch nicht katalogisiert. Durch die Einführung der in Abs. 1 Nr. 5 verwendeten allgemeinen Oberbegrifflichkeit des „für die Leitung des Betriebes oder Unternehmens einer juristischen Person oder einer in Nummern 2 oder 3 genannten Personenvereinigungen verantwortlich Handelnden“ ist man davon abgewichen, einen abschließenden Katalog zivilrechtlich vertypter Positionen aufzuführen.[59] Abs. 1 Nr. 1 bis 4 bilden damit lediglich Leitbeispiele, die nach dem Willen des Gesetzgebers dazu dienen, die Rechtsanwendung zu erleichtern[60].

Der Gesetzgeber hat so insbesondere durch die Generalklausel des Abs. 1 Nr. 5 verhindert, dass man eine Verantwortlichkeit auch durch Schaffung vom Katalog nicht umfasster Gesellschaftsstrukturen nicht umgehen kann.

1. Täter nach § 30 Abs. 1 Nr. 1 OWiG

§ 30 Abs. 1 Nr. 1 OWiG erfasst die vertretungsberechtigten Organe und Organmitglieder einer juristischen Person. Insbesondere durch das Merkmal „vertretungsberechtigt“ werden die Personen erfasst, deren Handlungen der juristischen Person oder der Personenvereinigung auch sonst als eigene zugerechnet werden.

Im Einzelnen von Relevanz dürften insbesondere die nachfolgend aufgeführten Personenkreise sein:

---

59 *Gürtler* in Göhler, § 30 Rdn. 9.

60 *Achenbach*, wistra 02, 443.

a) GmbH

Die organschaftliche Vertretung der **Gesellschaft mit beschränkter Haftung (GmbH)** erfolgt durch den oder die **Geschäftsführer**, §§ 6, 35 GmbHG. Geschäftsführer können sowohl Gesellschafter, als auch dritte Personen sein. Die Stellvertreter der Geschäftsführer sind ebenfalls Organe der GmbH, § 44 GmbHG.

Im Falle der Auflösung der GmbH treten an die Stelle der Geschäftsführer die sodann vertretungsberechtigten **Liquidatoren**, §§ 66 ff. GmbHG.

Mitglieder des Aufsichtsrates unterfallen nicht dem Anwendungsbereich des Abs. 1 Nr. 1, da es sich hierbei nicht um das Organ der GmbH, sondern um ein Kontrollgremium handelt. Aufgrund der besonderen Einflussmöglichkeiten der Mitglieder des Aufsichtsrates dürfte jedoch regelmäßig Abs. 1 Nr. 5 Anwendung finden.

b) Aktiengesellschaft

Vertretungsberechtigtes Organ der **Aktiengesellschaft (AG)** ist der Vorstand, §§ 78, 82 AktG. Auch wenn der Aufsichtsrat gem. § 111 Abs. 4 Satz 2 AktG bestimmten Geschäften zustimmen muss, wird die AG nach außen nur vom Vorstand vertreten. Die einzelnen Mitglieder des **Vorstands** sind mithin taugliche Täter. Auch die stellvertretenden Mitglieder des Vorstands sind gem. § 94 AktG Vorstandsmitglieder. Ebenso wie die vom Gericht bestellten Vorstandsmitglieder, § 85 AktG. Tauglicher Täter, weil vertretungsberechtigt, kann auch der nach § 30 BGB bestellte, besondere Vertreter sein.[61]

Befindet sich die Aktiengesellschaft in der Auflösung, so treten an die Stelle des Vorstandes die **Abwickler**, §§ 265, 269 AktG. Hierbei handelt es sich üblicherweise um die Vorstandsmitglieder, § 265 Abs. 1 AktG; vom Gericht können aber auch externe Abwickler bestellt werden, § 265 Abs. 3 AktG.

Bei dem Aufsichtsrat handelt es sich hingegen nicht um ein Organ der Aktiengesellschaft, sondern um ein Kontrollgremium. Für die Mitglieder des Aufsichtsrates kommt daher eine Anwendung des Abs. 1 Nr. 1 nicht in Betracht, jedoch dürfte für sie aufgrund ihres besonderen Einflussbereiches eine Anwendung über Abs. 1 Nr. 5 in Betracht kommen.

c) Kommanditgesellschaft auf Aktien

Bei der **Kommanditgesellschaft auf Aktien (KGaA)**, einer Kapitalgesellschaft, die Elemente der Aktiengesellschaft (AG) und der Kommanditgesellschaft (KG) miteinander verbindet, gelten die persönlich haftenden Gesellschafter als Vorstandsmitglieder, §§ 282, 283 AktG. Die **persönlich haftenden Gesellschafter** sind mithin taugliche Täter i. S. d. Abs. 1 Nr. 1.

---

61 *Rogall* in KK-OWiG, § 30 Rdn. 63.

Bzgl. der Mitglieder des Aufsichtsrates gilt wiederum, dass für sie mangels Organeigenschaft zwar nicht Nr. 1 greift, jedoch zu prüfen ist, ob Abs. 1 Nr. 5 Anwendung finden könnte. Hier ist jedoch zu bedenken, dass dem Aufsichtsrat einer KGaA im Vergleich zum Aufsichtsrat einer AG bestimmte Befugnisse und damit Einflussmöglichkeiten fehlen.

Der Aufsichtsrat einer KGaA kann die Komplementäre, also die persönlich haftenden Gesellschafter, weder bestellen noch abberufen. § 84 AktG gilt nicht. Hinzu kommt, dass dem Aufsichtsrat als Kontrollgremium auch eine Mitwirkung an der Geschäftsführung nicht zusteht. § 111 Abs. 4 Satz 2 AktG ist ebenfalls nicht anwendbar.

d) Genossenschaft

Die **Genossenschaft** wird gem. § 24 GenG durch ihren **Vorstand** vertreten, welcher aus den ordentlichen und den stellvertretenden Mitgliedern besteht, § 35 GenG.

e) Rechtsfähiger Verein

Organ eingetragener (§ 21 BGB) und wirtschaftlicher Vereine (§ 22 BGB) als **rechtsfähige Vereine** ist der **Vorstand**, § 26 BGB. Sie können, wenn die Satzung dies vorsieht, durch die **besonderen Vertreter nach § 30 BGB** vertreten werden, welche als ebenfalls vertretungsberechtigte Organe des Vereins taugliche Täter sind.

f) Privatrechtliche Stiftung

Auf **privatrechtliche Stiftungen** finden gem. § 86 BGB die Vereinsregelungen entsprechende Anwendung. Organ der Stiftung ist mithin der **Vorstand**, dessen Mitglieder sind tauglicher Täter der Anknüpfungstat.

g) Juristische Personen des öffentlichen Rechts

Bei den **juristischen Personen des öffentlichen Rechts** (Körperschaften, Anstalten, Stiftungen) bestimmt sich die Organschaft nach dem jeweils geltenden Organisationsrecht, welches aus Gesetz oder aus der jeweils geltenden Satzung der juristischen Person folgt.

h) Societas Europaea

Die **Societas Europaea**, die sog. Europäische Gesellschaft, gilt als Aktiengesellschaft. Die Geschäftsführung der Europäischen Gesellschaft kann auf zwei Weisen, nämlich nach dem dualistischen System oder dem monistischen System ausgeübt werden.

Nach dem dualistischen System, welches auch für deutsche Aktiengesellschaften gilt, führt der Vorstand die Geschäfte und wird vom Aufsichtsrat kontrolliert. Organ i. S. d. Abs. 1 Nr. 1 ist daher in diesem Fall der **Vorstand**.

Beim monistischen System liegen die Leitungs– und Aufsichtsfunktion beim Verwaltungsrat, wobei dieser für die führenden Geschäfte sowie für die Vertretung der Europäischen Gesellschaft geschäftsführende **Direktoren** bestellt. Die jeweiligen Leitungsorgane bzw. Organwalter sind taugliche Täter im Sinne des Abs. 1 Nr. 1. Die Personen, welche Aufsichtsfunktionen wahrnehmen, können wiederum Täter im Sinne des Abs. 1 Nr. 5 sein.

2. Täter nach § 30 Abs. 1 Nr. 2 OWiG

§ 30 Abs. 1 Nr. 2 OWiG betrifft Vorstände und Vorstandsmitglieder eines nicht rechtsfähigen Vereins.

Während der rechtsfähige Verein von Abs. 1 Nr. 1 umfasst wird, erfasst Abs. 1 Nr. 2 den nicht rechtsfähigen Verein. Anders als beim rechtfähigen Verein ist der besondere Vertreter i. S. d. § 30 BGB, welcher auch beim nicht rechtsfähigen Verein bestellt werden kann, kein tauglicher Täter i. S. d. Nr. 2. Dies folgt aus dem eindeutigen Gesetzeswortlaut.[62] Im Gegensatz zu Abs. 1 Nr. 1 und Nr. 3 werden nicht sämtliche „vertretungsberechtigte" Personen erfasst, sondern ausdrücklich nur Vorstände und Vorstandsmitglieder.

Regelmäßig wird der besondere Vertreter jedoch im Rahmen seiner wirtschaftlichen Betätigung als Generalbevollmächtigter oder Handlungsbevollmächtigter in leitender Stellung tätig und damit tauglicher Täter i. S. d. Nr. 4 sein. Sollte dies ausnahmsweise einmal nicht der Fall sein, ist zu prüfen, ob er nicht aufgrund seines besonderen Verantwortungsbereiches zumindest unter die Generalklausel des Abs. 1 Nr. 5 subsumiert werden kann.

3. Täter nach § 30 Abs. 1 Nr. 3 OWiG

§ 30 Abs. 1 Nr. 3 OWiG erfasst die vertretungsberechtigten Gesellschafter der rechtsfähigen Personengesellschaften. Die hier relevantesten Vertretungsverhältnisse dürften die folgenden sein:

a) Offene Handelsgesellschaft

Bei einer **Offenen Handelsgesellschaft (OHG)** sind grundsätzlich alle **Gesellschafter** vertretungsberechtigt, § 125 Abs. 1 HGB.

Die Zuwiderhandlung eines jeden von ihnen reicht für die Festsetzung einer Geldbuße gegen die Gesellschaft aus. Daran ändert sich nach auch hier vertretender Meinung dann nichts, wenn der deliktisch handelnde Gesellschafter durch den Gesellschaftsvertrag von der Vertretung ausge-

62 *Rogall* in KK-OWiG, § 30 Rdn. 60.

schlossen wurde. Auch dessen Verhalten kann die Verbandshaftung auslösen.

b) Kommanditgesellschaft

Die **Kommanditgesellschaft (KG)** wird vertreten durch die **Komplementäre** als persönlich haftende Gesellschafter, §§ 161, 125 HGB. Die Kommanditisten sind hingegen ausdrücklich von der Vertretung ausgeschlossen, § 170 HGB. Ihnen kann jedoch durch Gesellschaftsvertrag die alleinige Geschäftsführung übertragen werden[63], wodurch sie zu Leitungspersonen i. S. d. Abs. 1 Nr. 5 würden. Zudem besteht die Möglichkeit, Kommanditisten Prokura einzuräumen[64], wodurch man im Anwendungsbereich des Abs. 1 Nr. 4 wäre.

Bei Auflösung der Gesellschaft kann das deliktische Handeln aller Gesellschafter die Verbandsgeldbuße auslösen, weil neben den Komplementären auch die Kommanditisten zu Liquidatoren berufen werden, §§ 161 Abs. 2, 146 HGB.

Es empfiehlt sich also, Handelsregisterauszug und Gesellschaftervertrag nach den obigen Kriterien zu überprüfen, wenn ein Kommanditist die deliktische Handlung begangen hat.

c) GmbH & Co. KG

Bei der **GmbH & Co. KG** ist der alleinvertretungsberechtigte Gesellschafter nicht eine natürliche Person, sondern die GmbH. Diese wiederum wird durch den Geschäftsführer vertreten, auf dessen Handlung es daher ankommt.

d) Gesellschaft bürgerlichen Rechts

Nach Anerkennung der Rechts- und Parteifähigkeit der **Gesellschaft bürgerlichen Rechts (GbR)** durch die Rechtsprechung[65] besteht kein Zweifel mehr daran, dass die GbR straf- und bußgeldrechtlich nicht anders zu behandeln ist als andere Personengesellschaften[66]. Allerdings unterfällt bei der GbR lediglich die Außen-GbR dem Anwendungsbereich des Abs. 1 Nr. 3, weil nur sie bereits am Rechtsverkehr teilnimmt.

Die Vertretungsmacht der Gesellschafter ist an die gesellschaftsvertragliche Geschäftsführerbefugnis geknüpft, § 714 BGB. Grundsätzlich steht die Geschäftsführung nach dem Einstimmigkeitsprinzip allen Gesellschaftern gemeinschaftlich zu, § 709 Abs. 1 BGB. Hiervon abweichend können im Gesellschaftsvertrag auch andere Formen vereinbart werden, solange der Grundsatz der Selbstorganschaft erhalten bleibt. In Betracht kommt insbe-

63 BGH, Urt. v. 09.10.1968 – II ZR 37/67, BGHZ 51, 198, 201.

64 BGH, Urt. v. 27.06.1955 – II ZR 232/54, BGHZ 17, 392 ff.

65 BGH, Urt. v. 29.01.2001 – II ZR 331/00, BGHZ 146, 342.

66 *Rogall* in KK-OWiG, § 30 Rdn. 64c.

sondere die Vereinbarung von Stimmenmehrheit für die Geschäftsführung, § 709 Abs. 2 BGB, die Übertragung der Geschäftsführung auf einen oder mehrere Gesellschafter unter Ausschluss der übrigen, § 710 BGB, oder auch die Übertragung an alle oder mehrere Gesellschafter derart, dass jeder allein zu handeln befugt ist, § 711 BGB.

Im Einzelfall kann die Bestimmung der Gesellschafter schwierig sein, weil für die GbR im Gegensatz zu anderen Personengesellschaften keine Eintragungspflicht besteht und Gesellschaftsverträge grundsätzlich keinen Formerfordernissen unterliegen. Praktisch dürften sich hier jedoch keine größeren Probleme als bei der Anwendung des Abs. 1 Nr. 5 ergeben, bei welchem das formal bestimmbare Kriterium der Organfunktion zugunsten der materiell zu bestimmenden Leitungsfunktion aufgegeben wurde[67]. Abs. 1 Nr. 5 dürfte daher auch hier Auffangfunktion haben.

e) Partnerschaft

Die **Partnerschaft** ist ebenfalls eine rechtsfähige Personengesellschaft, deren Rechtsfähigkeit sich aus § 7 Abs. 2 PartGG i. V. m. § 124 HGB ergibt. Sie ist zwar keine Handelsgesellschaft, folgt aber im Wesentlichen dem Recht der OHG, sodass das zur OHG Dargelegte gilt, mithin grundsätzlich alle Gesellschafter vertretungsberechtigt sind.

f) Europäische wirtschaftliche Interessenvereinigung

Die **Europäische wirtschaftliche Interessenvereinigung (EWIV)** gilt als Handelsgesellschaft, auf welche die für die OHG geltenden Vorschriften entsprechend anzuwenden sind (vgl. hierzu B. IV. 3. a)).

> **Praxistipp:**
> Bei der Beantragung von Durchsuchungsbeschlüssen ist stets daran zu denken, die Personalakten für die betroffenen Personen sowie evtl. existierende Gesellschaftsverträge und Gesellschafterverträge als benötigte und der Beschlagnahme unterliegende Beweismittel mit aufzunehmen. So wird die Prüfung der Täterstellung erleichtert, insbesondere, wenn es auf die faktische Einflussmöglichkeit des Beschuldigten ankommt.

4. Täter nach § 30 Abs. 1 Nr. 4 OWiG

Beispiel:
Im Zuge der Ermittlungen wegen § 298 StGB wird bekannt, dass der Beschuldigte B als Mitarbeiter der B-GmbH ein auf wettbewerbswidrigen Absprachen beruhendes Angebot für die B-GmbH abgab. Ferner wird fest-

67 *Rogall* in KK-OWiG, § 30 Rdn. 78.

gestellt, dass B zur Tatzeit Prokurist der B-GmbH war. Kann B tauglicher Täter im Sinne des § 30 OWiG sein?

Nach § 30 Abs. 1 Nr. 4 OWiG kann Bezugstäter sein, wer

... als Generalbevollmächtigter oder in leitender Stellung als Prokurist oder als Handlungsbevollmächtigter einer juristischen Person oder einer in Nr. 2 oder 3 genannten Personenvereinigung [...] eine Straftat oder Ordnungswidrigkeit begangen ...

hat.

Danach sind zwei Personenkreise zu unterscheiden.

a) Generalbevollmächtigte

Wenn der Täter **Generalbevollmächtigter** im Sinne der §§ 164 ff. BGB ist, reicht dies für die Täterqualifikation nach § 30 Abs. 1 Nr. 4 1. Variante OWiG aus, ohne dass weitere Umstände hinzutreten müssen. Bei einer Generalvollmacht besteht Vertretungsmacht in allen Fällen, in denen Vertretung zulässig ist[68].

b) Prokuristen und Handlungsbevollmächtigte

Auch **Prokuristen** und **Handlungsbevollmächtigte** können Bezugstäter sein. Der **Prokurist** ist gemäß § 49 HGB ist zu allen Arten von gerichtlichen und außergerichtlichen Geschäftshandlungen ermächtigt, die der Betrieb eines Handelsgewerbes mit sich bringt[69]. **Handlungsbevollmächtigter** nach § 54 HGB ist, wer ohne Prokurist zu sein, zum Betrieb eines Handelsgewerbes oder zur Vornahme einer bestimmten zu einem Handelsgewerbe gehörigen Art von Geschäften oder zur Vornahme einzelner zu einem Handelsgewerbe gehöriger Geschäfte ermächtigt ist. Diese Handlungsvollmacht erstreckt sich auf alle Geschäfte und Rechtshandlungen, die der Betrieb eines derartigen Handelsgewerbes oder die Vornahme derartiger Geschäfte gewöhnlich mit sich bringt. Sie ist also enger als die Prokura. Der gemeinsame Unterschied dieser beiden Untergruppen im Vergleich zur Generalvollmacht liegt darin, dass die nach Außen bestehende Vertretungsmacht im Innenverhältnis beschränkt sein kann[70].

Um die Gleichstellung von Prokurist und Handlungsbevollmächtigtem mit dem Generalbevollmächtigten zu rechtfertigen, wird für Prokuristen

68 *Schubert* in MüKo-BGB, § 167 Rdn. 65.
69 Zum Umfang und Grenzen der Prokura vgl. etwa *Hopt* in Baumbach/Hopt, HGB, § 49 Rdn. 1 ff.
70 Bei der Generalvollmacht kommt das nur ausnahmsweise in Betracht.

und Handlungsbevollmächtigte[71] ein Handeln in **leitender Stellung** vorausgesetzt. Die leitende Stellung stellt im Gegensatz zur formalen Position als Prokurist oder Handlungsbevollmächtigter ein **materielles Kriterium** dar. Hier ist eine wertende Betrachtung der faktischen Stellung des Täters im Unternehmen nötig. Kriterien hierzu sind etwa die Organisationsstruktur des Unternehmens und die Kompetenzen des Täters[72]. Die (Indiz-) Tatsachen, aus denen die leitende Stellung abzuleiten sind, müssen in der Hauptverhandlung feststellbar sein[73].

An dieser Stelle eröffnet sich in zweifacher Hinsicht **Verteidigungspotential**. Auf der **tatsächlichen Ebene** können die Tatsachen, aus denen die leitende Stellung geschlossen wird, in Zweifel gezogen werden. Auf der **Rechtsebene** kann gegen die wertende Gesamtbetrachtung argumentiert werden. Für die Strafverfolger bedeutet dies, dass bei der Vorbereitung von Durchsuchungsmaßnahmen immer auch Beweismittel für die faktische Stellung des konkret Handelnden in die Beschlagnahmeanordnungen aufgenommen werden sollten. Bei Vernehmungen von Zeugen sollten immer auch die konkreten Kompetenzen der Täter abgefragt werden.

Die Erfahrung zeigt, dass solche Beweismittel in der Regel dann besonders effektiv gesichert werden können, wenn sie zeitnah beim Übergang der Ermittlungen von der verdeckten in die offene Phase gesammelt werden. Nach Beginn der offenen Ermittlungsphase erfolgte Zeugenvernehmungen oder nur zum Zweck der Aufklärung der faktischen Stellung des Täters im Unternehmen durchgeführte Durchsuchungen, sind in der Regel weniger ergiebig, weil das entsprechende Unternehmen und die Mitarbeiter sensibilisiert sind.

Der Fall, dass der **Handlungsbevollmächtigte** zwar eine Bezugstat begeht, dabei aber **außerhalb seiner Handlungsvollmacht** handelt, ist noch nicht durch die Rechtsprechung entschieden. In solchen Fällen dürfte **regelmäßig § 30 Abs. 1 Nr. 4 OWiG nicht erfüllt** sein, da der Täter zwar die formale Position und ggf. auch eine leitende Stellung innehat, aber eben nicht konkret in dieser leitenden Stellung handelt. Diese Konstellation zeigt, dass zwischen **Tathandlung** und **leitender Stellung** ein **funktionaler Zusammenhang** bestehen muss. Das folgt aus dem eindeutigen Wortlaut der Norm „... in leitender Stellung [...] eine Straftat [...] begangen ...“.

---

71 Dass auch der Handlungsbevollmächtigte in leitender Stellung gehandelt haben muss, ergibt sich nicht zwingend aus dem insoweit nicht eindeutigem Wortlaut. Nach der gesetzlichen Systematik ist aber ein entsprechender Erst-Recht-Schluss gerechtfertigt, da die Rechtsposition des Handlungsbevollmächtigten ein „Minus“ zu derjenigen des Prokuristen darstellt,

72 *Rogall* in KK-OWiG, 6. Auflage, § 30 Rdn. 81.

73 *Rogall* in KK-OWiG, 6. Auflage, § 30 Rdn. 81.

Zum Beispielsfall:
Im Beispielsfall erfüllt B über seinen Status als Prokurist die formalen Voraussetzungen. Da aber keine Erkenntnisse zu der leitenden Stellung vorliegen, kann B selbst nicht tauglicher Täter nach § 30 Abs. 1 Nr. 4 2. Variante OWiG sein. In solchen Fällen ist aber immer § 130 OWiG im Hinblick auf ein etwaiges Aufsichtsverschulden zu prüfen. Der Beispielsfall bietet aber auch dafür keine Anhaltspunkte. Daher wären hier ggf. weitere Ermittlungen etwa in Gestalt von Zeugenvernehmungen oder der Beschlagnahme von Personalakten erforderlich.

5. Täter nach § 30 Abs. 1 Nr. 5 OWiG

Fall 1:
Die A-GmbH wird durch die alleinige Geschäftsführerin E vertreten, die auch sämtliche Anteile hält. Sie führt die Geschäfte aber nur formal. Praktisch werden alle wichtigen Geschäftsangelegenheiten durch den Ehemann der E, den A, der aufgrund eines Berufsverbotes nicht selbst Geschäftsführer ist, im Einvernehmen mit E allein entschieden und erledigt. A verspricht dem Beamten B ein Geldgeschenk, falls dieser einem nicht genehmigungsfähigen Antrag entspricht.

Fall 2:
A ist Geschäftsführer der A-GmbH. GF ist Geschäftsführer der B-GmbH. B ist Angestellter der B-GmbH und Leiter einer von fünf Niederlassungen der B-GmbH in X-Stadt. Die Niederlassungen der B-GmbH sind rechtlich unselbständig, agieren aber faktisch weitgehend autonom im Wettbewerb. B ist zudem Prokurist der B-GmbH. Die Prokura ist im Innenverhältnis stark eingeschränkt, sodass B bezogen auf das Gesamtunternehmen keine Leitungsfunktionen wahrnimmt. A und B vereinbaren im Rahmen einer beschränkten Ausschreibung i. Satz d. § 298 StGB, dass A zu Gunsten der B-GmbH ein Schutzangebot abgeben soll, damit die B-GmbH den Auftrag erhält. A und B geben absprachegemäße Angebote ab.[74]

Fall 3:
Fall wie Fall 2. Aber für die B-GmbH handelt nicht B, sondern sein Vertreter V.

74 Hierzu eingehend *Röske/Böhme*, wistra 2013, 48 ff.

Nach § 30 Abs. 1 Nr. 5 OWiG kommt als Bezugstäter in Betracht, wer

... als sonstige Person, die für die Leitung des Betriebes oder Unternehmens einer juristischen Person oder einer in Nummer 2 oder 3 genannten Personenvereinigung verantwortlich handelt, wozu auch die Überwachung der Geschäftsführung oder die sonstige Ausübung von Kontrollbefugnissen in leitender Stellung gehört.

Dieser Vorschrift kommt in der Praxis eine erhebliche Bedeutung zu, da sie geeignet und auch bestimmt ist, die durch Nr. 1–4 nicht erfassten Fälle aufzufangen. Der Wortlaut dieser Norm ist am weitesten, weshalb die genaue Auslegung gerade in Grenzfällen von entscheidender Bedeutung ist.

a) Verhältnis zu § 30 Abs. 1 Nr. 1 bis 4 OWiG

Mit der Einführung des § 30 Abs. 1 Nr. 5 OWiG ist ein Systemwechsel erfolgt: an die Stelle des abschließenden Katalogs zivilrechtlich vertypter Positionen ist ein Konzept getreten, in dem Abs. 1 Nr. 5 den Oberbegriff des für die Leitung des Betriebs oder Unternehmens der juristischen Person bzw. Personenvereinigung verantwortlich Handelnden enthält. Abs. 1 Nr. 1 bis 4 stellen demgegenüber gesetzliche Leitbeispiele dar[75].

b) Umgehungsfälle zu § 30 Abs. 1 Nr. 1 – 4 OWiG

§ 30 Abs. 1 Nr. 5 OWiG soll mit der bewusst offen gehaltenen Beschreibung des Bezugstäters auch Fallkonstellationen erfassen, in denen Anknüpfungstaten von Leitungspersonen verwirklicht werden, die keine der in § 30 Abs. 1 Nr. 1 bis 4 OWiG aufgeführten formalen Positionen innehaben[76]. Wenn solche Personen für die Leitung eines Unternehmens verantwortlich handeln, können sie Bezugstäter im Sinne des § 30 Abs. 1 Nr. 5 OWiG sein. So soll Umgehungsstrategien begegnet werden. Voraussetzung für die Bezugstätereigenschaft ist aber ein Handeln in leitender Stellung. Die damit angesprochene **materielle Leitungsmacht**, auf die es auch bei § 30 Abs. 1 Nr. 4, 2.Variante OWiG ankommt, ist im Wege wertender Betrachtung der Umstände des Einzelfalles zu ermitteln[77]. In der Praxis kommen die nachstehenden **Indizien** zur Beurteilung der materiellen Leitungsmacht in Betracht:

- Organigramme des Unternehmens
- Personalverantwortung des Täters
- Budgetverantwortung des Täters
- (Mit-) Zeichnungsbefugnisse des Täters
- Gesellschafterstellung

75 *Achenbach*, wistra 2002, 443; *Gürtler* in Göhler, § 30 Rdn 9.

76 BT-Drucks. 14/8998 Satz 11.

77 Vgl. *Röske/Böhme*, wistra 2013, 48, 51.

Weniger aussagekräftig sind dagegen:
- Einordnung als „leitender Angestellter“ im Sinne des Betriebsverfassungsrechts
- Unternehmensinterner Titel

Faustregel:
Je näher die faktische Stellung des Täters dem gesetzlichen Leitbild des Organs kommt, desto eher ist er Bezugstäter.

*Im **Fall 1** hat A eine Bestechung nach § 334 StGB begangen. Zwar ist er für alle relevanten Entscheidungen zuständig, kann aber mangels formeller Bestellung zum Geschäftsführer nicht Bezugstäter nach § 30 Abs. 1 Nr. 1 OWiG sein. In solchen Fällen greift Nr. 5 ein. A ist „sonstige“ Person. Er hat als „faktischer Geschäftsführer“ für das Unternehmen einer juristischen Person verantwortlich gehandelt. Er kann also Bezugstäter sein.*

In weniger eindeutigen Fällen besteht – genau wie bei § 30 Abs. 1 Nr. 4 OWiG – **Verteidigungspotential** sowohl in tatsächlicher Hinsicht (zu den tatsächlichen Grundlagen der Leitungsmacht) als auch in rechtlicher Hinsicht in Bezug auf die Bewertung der Tatsachen. Für die Strafverfolgungsbehörden bedeutet dies die Notwendigkeit, bereits im ersten Zugriff Beweismittel für die tatsächlichen Grundlagen der materiellen Leitungsmacht zu sichern. Daher sollten als zu suchende Beweismittel etwa folgende Gegenstände in die Durchsuchungsbeschlüsse aufgenommen werden:
- Personalakten des Täters
- Organigramme
- Unterschriftenregelungen

c) Formelle Mängel der Organstellung

Insbesondere bei Organen juristischer Personen, etwa bei dem Geschäftsführer der GmbH, kann es zu Fehlern bei der Bestellung kommen. Sind diese Fehler so gravierend, dass der Bestellungsakt nichtig ist, fehlt dem Bezugstäter die etwa für § 30 Abs. 1 Nr. 1 OWiG erforderliche Organstellung. Übt er seine Funktion gleichwohl aus, so können Bezugstaten für die Gesellschaft auch bußgeldrechtlich erfasst werden. Hierbei ist aber spätestens seit der Einführung des § 30 Abs. 1 Nr. 5 OWiG kein Rückgriff auf eine „faktische Betrachtungsweise“ mehr erforderlich, da der Fall aufgrund der materiellen Leitungsmacht des Bezugstäters nach § 30 Abs. 1 Nr. 5 OWiG erfasst ist.

d) Betriebsebene

Von erheblicher Bedeutung ist auch, dass § 30 Abs. 1 Nr. 5 OWiG die Leitungsfunktionen (anders als § 30 Abs. 1 Nr. 1 bis 4 OWiG) auch auf Betriebsebene erfasst. Mit der Erfassung von Leitungspersonen auf **Betriebs-**

ebene trägt der Gesetzgeber Sorge dafür, dass die Bebußbarkeit von Bezugstaten nicht von der gesellschaftsrechtlichen Ausgestaltung abhängt. Die Problematik wird durch die nachfolgenden Darstellungen veranschaulicht:

In einer echten Konzernstruktur sind sowohl die Konzernmutter als auch die Tochterunternehmen selbstständige juristische Personen:

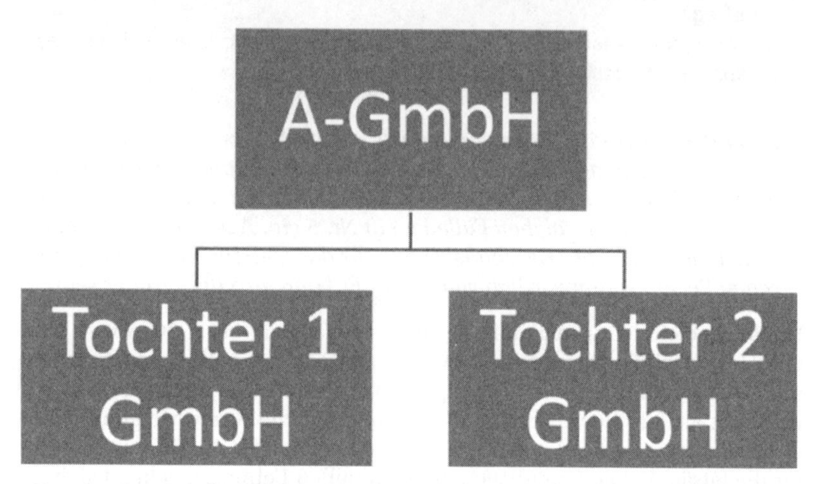

Begeht der Geschäftsführer der A-GmbH eine Bezugstat, so kann die A-GmbH bebußt werden. Das Gleiche gilt für die Tochter 1-GmbH und die Tochter 2-GmbH, wenn deren Geschäftsführer eine Bezugstat verwirklichen.

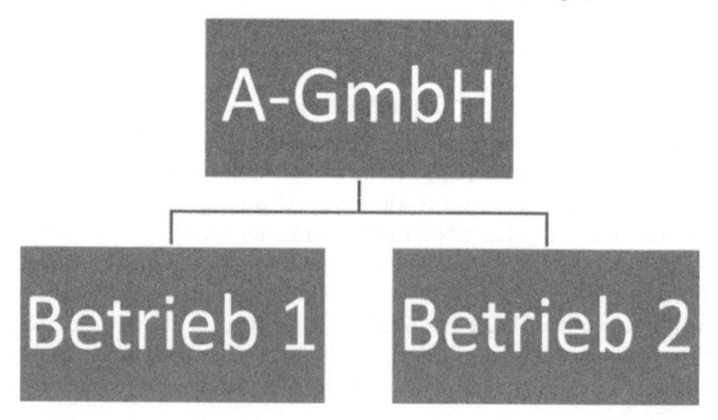

Vor Einführung von § 30 Abs. 1 Nr. 5 OWiG konnte bei einer faktisch gleichen Organisation durch eine andere rechtliche Gestaltung die Bebußbarkeit ausgeschlossen werden. Waren die Niederlassungen rechtlich unselbstständig, konnten die Niederlassungsleiter Bezugstaten begehen, ohne dass eine Haftung der Gesellschaft nach § 30 Abs. 1 bis4 OWiG in Betracht kam. Deshalb hat § 30 Abs. 1 Nr. 5 OWiG insoweit eine entscheidende Bedeutung. Er erweitert den Kreis der Bezugstäter auf die rechtlich unselbstständige Kategorie des Betriebes. Daher kommt in dem nachstehenden Schaubild eine Haftung der A-GmbH in Betracht, wenn der Niederlassungsleiter des Betrieb 1 eine Bezugstat begeht.

Voraussetzung ist zunächst, dass es sich bei der fraglichen Niederlassung um einen **Betrieb im Sinne des § 30 OWiG** handelt. Der Begriff des Betriebes ist im OWiG nicht definiert, weshalb üblicherweise auf die im Arbeitsrecht entwickelte Definition zurückgegriffen wird. Danach ist ein Betrieb „eine räumlich zusammengefasste Organisationseinheit, mit der ein Unternehmer bestimmte arbeitstechnische Zwecke, die über die Deckung des Eigenbedarfs hinausgehen, unter Einsatz von personellen, sachlichen und immateriellen Mitteln unter einheitlicher Leitung fortgesetzt verfolgt“[78]. Ein Unternehmen im Sinne des Arbeits- und des Ordnungswidrigkeitenrechts ist dagegen eine wirtschaftlich-kaufmännisch geprägte Einheit[79].

Weder Betrieb noch Unternehmen ist hingegen der sog. Betriebsteil. Dabei handelt es sich um eine organisatorisch unselbstständige Einheit[80]. Dieser wird betriebsverfassungsrechtlich und auch ordnungswidrigkeitenrechtlich dem Hauptbetrieb zugeordnet. Der Leiter eines Betriebsteils ist daher kein tauglicher Täter im Sinne des § 30 Abs. 1 Nr. 5 OWiG.

Um das Unternehmen bebußen zu können, muss der Täter auch als Leitungsperson gehandelt haben. Anders als bei Leitungspersonen auf Unternehmensebene stehen auf Betriebsebene keinerlei formale Anknüpfungspunkte zur Verfügung. Ausschlaggebend ist daher, ob dem Täter materielle Leitungsmacht zukommt[81]. Hier ist – wie bei § 30 Abs. 1 Nr. 4 OWiG – eine wertende Betrachtung der faktischen Stellung des Täters im Unternehmen nötig. Kriterien hierzu sind etwa die Organisationsstruktur des Unternehmens und die Kompetenzen des Täters[82]. Die (Indiz-) Tatsachen, aus denen die **leitende Stellung** abzuleiten sind, müssen in der Hauptverhandlung feststellbar sein[83].

*Im **Fall 2** hat A sich gemäß § 298 StGB strafbar gemacht und damit zugleich betriebsbezogene Pflichten verletzt, sodass die A-GmbH nach § 30 Abs. 1 Nr. 1 OWiG bebußt werden kann. Auch B hat sich gemäß § 298 StGB strafbar gemacht. Fraglich ist indes, ob auch die B-GmbH für*

78 *Gürtler* in Göhler, § 9 Rdn. 43.

79 *Gürtler* in Göhler, OWiG, 15. Aufl., § 9 Rdn. 44.

80 Hierzu gibt es eingehende Literatur und Rechtsprechung zum Betriebsverfassungsrecht, vgl. etwa *Koch* in Erfurter Kommentar zum Arbeitsrecht, 16. Auflage, § 4 BetrVG Rdn. 2.

81 Eingehend dazu *Röske/Böhme*, wistra 2013, 48, 50 f.

82 *Rogall* in KK-OWiG, § 30 Rdn. 81.

83 *Rogall* in KK-OWiG, § 30 Rdn. 81.

die Tat des B bebußt werden kann. Eine Bebußung nach § 30 Abs. 1 Nr. 4 OWiG scheidet trotz der Prokuristenstellung des B aus, da seine Leitungsmacht für die B-GmbH nicht hinreichend ist. Im Hinblick auf die Niederlassung in X-Stadt übt B indes materielle Leitungsmacht aus, so dass die Bebußung nach § 30 Abs. 1 Nr. 5 OWiG erfolgen kann.

d) Vertretungsfälle

Vor dem Hintergrund, dass es für die Bebußbarkeit des Unternehmens auf die materielle Leitungsmacht ankommt, kann es keinen Unterschied machen, ob bei der konkreten Handlung die Leitungsperson oder ihr Vertreter gehandelt hat. Denn in diesen Fällen ist eben der Vertreter der Inhaber der materiellen Leitungsmacht. Entscheidend ist aber, dass der Vertreter in seiner Eigenschaft als Vertreter der Leitungsperson und nicht im Hinblick auf seine sonstigen Aufgaben gehandelt hat. Es ist allerdings darauf hinzuweisen, dass es hierzu noch keine gefestigte Rechtsprechung gibt.

*Im **Fall 3** kommt es mithin darauf an, ob V die Tathandlung eben in seiner Eigenschaft als Vertreter des B begangen hat. Zur Beurteilung dieser Frage sind neben Zeugenvernehmungen insbesondere schriftliche Unterlagen über Geschäftsverteilung, Zeichnungsbefugnisse und konkrete Aufgabenprofile des Vertreters und des Vertretenen heranzuziehen. Dem Arbeitsvertrag kommt insoweit jedoch allenfalls indizielle Bedeutung zu, da nicht die arbeitsrechtliche Vereinbarung sondern die tatsächliche Übung maßgeblich ist.*

e) Kontrollpersonen

Neben Leitungspersonen kommen auch Kontrollpersonen als Bezugstäter in Betracht. Damit sind zunächst Mitglieder von Kontrollgremien wie dem Aufsichtsrat insbesondere von Aktiengesellschaften aber auch von sonstigen juristischen Personen erfasst.

Zu denken ist auch an sonstige Personen, soweit diese im Rahmen ihrer Aufgaben spezifische Kontrollfunktionen ausüben. Hier werden in der Literatur Personen, denen innerhalb des Unternehmens die Verantwortung für einen bestimmten Bereich (wie etwa Rechnungsprüfung oder Finanzkontrolle) obliegt, benannt[84]. So er mit Leitungsbefugnissen ausgestattet ist, kommt z. B. auch der „Umwelt-Beauftragte" in Betracht. Zudem kann auch – je nach Ausgestaltung der Aufgabe – der Compliance-Beauftragte als Kontrollperson und damit als tauglicher Täter (in der Praxis wohl in der Regel: durch Unterlassen) in Betracht kommen[85].

---

84 *Gürtler* in Göhler, § 30 Rdn. 14a.

85 *Gürtler* in Göhler, § 30 Rdn. 14a.

6. Risiken bei Nichtleitungsperson

Beispiel:
Der Mitarbeiter A der A-GmbH besticht den Einkäufer B der B-GmbH, damit die A-GmbH anstatt von Wettbewerbern einen lukrativen Liefervertrag mit der B-GmbH abschließen kann. Hierdurch macht die A-GmbH einen Umsatz von EUR 500.00,– und erzielt dabei einen Gewinn in Höhe von EUR 50.000,–. A ist keine Leitungsperson im Sinne von § 30 OWiG. Welche Risiken bestehen für die A-GmbH?

Wie oben dargestellt, kommt eine Bebußung nur dann in Betracht, wenn eine Leitungsperson im Sinne des § 30 OWiG gehandelt hat. Das bedeutet aber keineswegs, dass eine Bezugstat durch eine **Nichtleitungsperson** kein wirtschaftliches Risiko für die Anstellungsgesellschaft darstellt. Neben der zivilrechtlichen Haftung bestehen **drei weitere Risiken**.

Wenn konkret keine Leitungsperson gehandelt hat, stellt sich die Frage, warum es zu der Tat kommen konnte. Oft kann die Tat auf eine **Aufsichtspflichtverletzung nach § 130 OWiG** zurückgeführt werden. Diese Aufsichtspflicht trifft regelmäßig Mitarbeiter, die ihrerseits Leitungspersonen sind. Daher kann die Aufsichtspflichtverletzung selbst als Ordnungswidrigkeit und damit als Bezugstat in Betracht kommen. Da diese Ordnungswidrigkeit dann von einer Leitungsperson begangen wird, kann die Tat der Nichtleitungsperson zur **mittelbaren Haftung nach § 30 OWiG** führen. Aufgrund der erheblichen praktischen Bedeutung des § 130 OWiG für § 30 OWiG ist dieser Vorschrift ein eigener Abschnitt (B.II.6.) gewidmet, auf den wegen der Einzelheiten verwiesen wird[86].

Kann bei der Bezugstat keine Aufsichtspflichtverletzung nachgewiesen werden, kommt aber ggf. die Anordnung von **Drittverfall** nach § 73 Abs. 1 u. 3 i. V. m. § 73a StGB in Betracht, wenn die Bezugstat eine Straftat ist. Voraussetzung hierfür ist, dass jemand (hier: die Anstellungsgesellschaft) **aus der Straftat etwas erlangt** hat. Die Einzelheiten hierzu sind in einer ausdifferenzierten und bedauerlicherweise uneinheitlichen Rechtsprechung herausgearbeitet worden. Insoweit wird auf die zusammenfassenden Darstellungen verwiesen[87]. Gleichwohl soll auch an dieser Stelle deutlich gemacht werden, dass auch bei einer Straftat durch eine Nichtleitungsperson ein erhebliches wirtschaftliches Risiko für die Anstellungsgesellschaft bestehen kann. Dieses wird durch eine Rechtsunsicherheit bei der wichtigen Frage nach dem erlangtem „Etwas" nach strafbarer Vertragsanbahnung verschärft.

---

86 Siehe Abschnitt B.II.5.

87 *Podolsky/Brenner*, Vermögensabschöpfung im Straf- und Ordnungswidrigkeitenverfahren; *Rönnau*, Vermögensabschöpfung in der Praxis.

Während der 5. Strafsenat des Bundesgerichtshofs davon ausgeht, dass in diesen Fällen lediglich der Vertragsschluss nicht aber die vertragliche Gegenleistung erlangt sei[88], geht der 1. Strafsenat in einer neueren Entscheidung davon aus, dass ein betrügerisch erlangter Kaufpreis ohne Abzug der vertragsgemäßen Gegenleistung der Abschöpfung unterliege[89]. In der strafrechtlichen Literatur wird hierin ein Fall der Divergenz gesehen[90]. Eine abschließende Klärung dieser extrem wichtigen Frage liegt bislang noch nicht vor.

Selbst wenn sich nicht mit der für die strafrechtliche Verurteilung erforderlichen Sicherheit feststellen lässt, dass eine Straftat begangen wurde, kommt auch bei einer bloßen Ordnungswidrigkeit der Verfall von Wertersatz nach **§ 29a OWiG** in Betracht. Voraussetzung ist nur, dass die betroffene Gesellschaft etwas aus der Tat oder für die Tat erlangt hat. Diese Konstellation kommt etwa in Betracht, wenn eine Straftat nach § 298 StGB aufgrund der Vergabeart nicht nachweisbar ist. Dann bleibt regelmäßig die Ordnungswidrigkeit nach §§ 81, 1 GWB bestehen.[91] Selbst, wenn die Ordnungswidrigkeit nicht durch eine Leitungsperson begangen wurde oder wenn insoweit keine Leitungsperson ein Aufsichtsverschulden trifft, kann jedenfalls der Bruttoerlös aus der Tat nach § 29a OWiG abgeschöpft werden.

Zum Beispielsfall:
Im Beispielsfall hat A eine Straftat nach § 299 Abs. 2 StGB begangen. Da A keine Leitungsperson im Sinne von § 30 OWiG ist, kommt eine unmittelbare Haftung der A-GmbH nicht in Betracht. Der Sachverhalt bietet noch keine hinreichenden Anhaltspunkte für eine Ordnungswidrigkeit nach § 130 OWiG, die ihrerseits durch eine Leitungsperson begangen sein könnte. Seitens der A-GmbH ist aber ggf. noch mit entsprechenden Nachermittlungen der Staatsanwaltschaft zu rechnen. Sollten diese unterbleiben oder erfolglos sein, ist §§ 73 Abs. 1, 3 73a StGB zu prüfen. Fraglich ist hier, was die A-GmbH im Rechtssinne erlangt hat (Umsatz oder Gewinn). Im worst-case-scenario muss die A-GmbH mit einer Abschöpfung des gesamten Umsatzes von EUR 500.000,– rechnen. In diesem Fall kämen zum Schutz der A-GmbH nur die Härtevorschrift des § 73c StGB und ggf. der Vorrang der Rückgewinnungshilfe in Betracht.

---

88 BGH, Urt. v. 02.12.2005 – 5 StR 119/05, BGHSt 50, 299.

89 BGH, Urt. v. 29.06.2010 – 1 StR 245/09, wistra 2010, 477.

90 *Burghart*, wistra 2011, 241 ff.; *Schlösser*, NStZ 2011, 121 ff.

91 Vgl. etwa *Grewe*, Korruptionsdelikte in der Praxis, Rdn. 401.

V. Rechtsfolge: Ob und Höhe der Geldbuße

1. Entscheidung über die Einleitung eines Bußgeldverfahrens

Wenn die in den vorigen Kapiteln dargestellten Voraussetzungen vorliegen, *kann* gegen den betroffenen Verband eine Geldbuße festgesetzt werden. Das „Ob" der Unternehmensgeldbuße steht also im **Ermessen** der zuständigen Verfolgungsbehörde. Wenn es sich bei der Bezugstat um eine Straftat handelt, ist dies grundsätzlich die Staatsanwaltschaft.

In der Praxis haben die nachfolgend dargestellten Ermessensgesichtspunkte in der Regel große Bedeutung:

Zentrale Bedeutung hat zunächst die **Schwere des Verstoßes**. Je härter dieser zu ahnden wäre, desto eher dürfte auch ein Bußgeldverfahren einzuleiten sein. Hier ist auch die **Höhe der etwaig erstrebten Bereicherung** zu berücksichtigen. In diese Bußgeldbemessung fließen auch etwaige **Vorbelastungen** ein, die sich auf das Unternehmen beziehen und strukturelle Versäumnisse besorgen lassen. Ebenfalls ist die **Zahl der Verstöße** von erheblicher Bedeutung. Handelt es sich um einen Einzelfall oder um eine über Jahre gehende Tatserie?

Für das Unternehmen und ggf. gegen die Einleitung eines Bußgeldverfahrens spricht der Umgang mit den Vorwürfen. Hat eine effektive **Kooperation mit den Ermittlungsbehörden** stattgefunden? Hat das Unternehmen sich ggf. selbst an die Behörden gewandt? Oder hat man die Mitwirkung verweigert und versucht, die Aufklärung des Sachverhaltes zu verhindern?

Zu berücksichtigen ist auch, ob das Unternehmen mit einer **Compliance-Regelung** versucht hat, Gesetzesverstöße zu vermeiden[92]. Diese sollte aber nicht nur „auf dem Papier stehen", sondern effektiv „gelebt" werden. Dazu gehören m. E. jedenfalls ausreichende personelle und sächliche Ausstattung sowie echte Eingriffsbefugnisse der zuständigen Compliance-Mitarbeiter und klare Zuständigkeitsregeln. Allerdings hat sich noch keine gefestigte Rechtsprechung zur Relevanz von Compliance-Maßnahmen im Rahmen des Ermessens herausgebildet. Dementsprechend können keine klaren Vorhersagen darüber getroffen werden, ob und in welchem Umfang sich welche Compliance-Maßnahme bußgeldmindernd- bzw. vermeidend auswirken. Denn insoweit ist zu berücksichtigen, dass ein gewisses Maß an Compliance vom Gesetz als selbstverständlich vorausgesetzt wird. Anderenfalls könnte bei Vorliegen der weiteren Voraussetzungen die Ordnungswidrigkeit nach § 130 OWiG vorliegen. Die Minimalanforderungen des § 130 OWiG sollten also überschritten werden. Insofern dürfte „je mehr, desto besser" gelten. Je mehr ein Unternehmen getan hat, um die letztlich doch erfolgte Tat zu ver-

92 BT-Drucks. 17/11053, Satz 21; *Bosch/Fritzsche*, NJW 2013, 2225, 2224; *Rübestahl/Skoupil*, wistra 2013, 209, 2015.

hindern, desto eher kann das bei der Entscheidung über die Einleitung eines Bußgeldverfahrens honoriert werden. Elemente von Compliance-Programmen können etwa sein[93]: eine vorgelebte Unternehmenshaltung, code of conduct, Richtlinien, Verhaltensanweisungen, Überwachung dieser Vorgaben, „Gefährdungsatlas", hinreichende und wiederholte Information der Mitarbeiter, ggf. Disziplinarmaßnahmen und whistleblowing-Regelungen. Diese Aufzählung ist weder abschließend noch für jede Art von Unternehmen gleichermaßen geeignet. Entscheidend ist, dass für das konkrete Unternehmen alles zur Vermeidung von Ordnungswidrigkeiten und Straftaten getan wird.

Auch ein positives „Nachtatverhalten" kann Einfluss auf die Ermessensentscheidung über die Einleitung eines Bußgeldverfahrens haben. Zu fragen wäre etwa, ob der Verband die Ursache des Fehlverhaltens erkannt und nachhaltig behoben hat. Ist eine „Selbstreinigung" vorgenommen worden? Sind Strukturen angelegt worden, um eine Wiederholung der Verstöße nach Möglichkeit zu vermeiden? Selbst wenn solche Maßnahmen sich letztlich nicht vollständig bußgeldvermeidend auswirken, sind sie dringend zu empfehlen. Zum einen kann sich dies ggf. bei der Bemessung der Bußgeldhöhe günstig auswirken. Und zum anderen droht sonst ggf. ein neuer Verstoß, der ein neues Bußgeld nach sich zieht, bei dem eine einschlägige Vortat bußgelderhöhend zu berücksichtigen wäre.

Zudem wird in der Praxis oft von der Einleitung eines Bußgeldverfahrens im Ermessenswege abgesehen, wenn absehbar ist, dass die Geldbuße wegen der schlechten wirtschaftlichen Situation voraussichtlich nicht vollstreckt werden kann. Denn in diesen Fällen stünde der Aufwand des Verfahrens in keinem angemessenen Verhältnis zum Ergebnis. Demgegenüber hindert bei einem finanzstarken Unternehmen – anders als bei der Anordnung des Verfalls (von Wertersatz), vgl. § 73 Abs. 1 Satz 2 StGB – das Bestehen von Verletztenansprüchen wegen der verfahrensgegenständlichen Taten die Verhängung einer Unternehmensgeldbuße nicht grundsätzlich. Gleichwohl kann das Bestehen solcher Ansprüche sich sowohl auf die Ermessensausübung zur Frage des „Ob" eines Bußgeldverfahrens als auch auf die Bußgeldhöhe auswirken.

Das Ermessen wird sowohl von der Staatsanwaltschaft als auch vom Gericht ausgeübt. Die Staatsanwaltschaft übt ihr Ermessen zunächst bei der Einleitung eines Verfahrens und sodann bei der Stellung eines konkreten Antrages aus. Das Gericht übt sein Ermessen bei der Entscheidung über den Antrag der Staatsanwaltschaft aus.

---

93 Vgl. *Rübenstahl/Skoupil*, wistra 2013, 209, 215 unter Bezugnahme auf die Anforderungen der US-Behörden an Compliance-Programme nach dem FCPA.

2. Höhe der Geldbuße

a) Allgemeines

Hinsichtlich der Höhe der Geldbuße sieht § 30 Abs. 2 OWiG auf den ersten Blick klare Bußgeldrahmen mit einer Untergrenze von EUR 5,–[94] und mit einer (anknüpfungstatabhängigen) festen Obergrenze vor. Die Vorschrift enthält aber der Sache nach nur einen Ausgangspunkt, der für den konkreten Fall in verschiedentlicher Hinsicht abweichen kann.

Zunächst ist die zeitliche Geltung des Bußgeldrahmens zu prüfen (b).

Dann ist eine etwaige Bußgeldrahmenverschiebung wegen etwaig erforderlicher Vermögensabschöpfung zu klären (c).

Und schließlich ist zu entscheiden, wie man mit mehrfachen Gesetzesverletzungen umgeht (d).

Erst dann kann eine konkrete Bußgeldbemessung erfolgen (e).

b) Anwendbarer Bußgeldrahmen

Der Bußgeldrahmen richtet sich im Ausgangspunkt nach § 30 Abs. 2 OWiG. Allerdings ist für jeden Einzelfall zu prüfen, welche Fassung einschlägig ist. In der ab dem 30.06.2013 gültigen Fassung ist der Bußgeldrahmen erheblich erhöht.

aa) Abgrenzungskriterium

Die zeitliche Geltung richtet sich gemäß § 4 Abs. 1 OWiG nach dem Gesetz, das zur Zeit der Handlung gilt. Wenn die Bußgelddrohung während der Begehung der Handlung geändert wird, ist gemäß § 4 Abs. 2 OWiG das Gesetz anzuwenden, das bei Beendigung der Handlung gilt. Wird schließlich das Gesetz, das bei der Beendigung der Handlung gilt, vor der Entscheidung geändert, ist das mildeste Gesetz anzuwenden (§ 4 Abs. 3 OWiG).

Die neue Fassung gilt ab dem 30.06.2013. Wurde eine Tat daher vorher begangen, gelten die alten Bußgeldrahmen. Das gilt auch für Taten, die vor dem 30.06.2013 begangen aber erst danach beendet wurden. Für alle später begangenen Taten gelten die neuen Bußgeldrahmen.

bb) Altfälle

Für die Fälle vor 2013 ist nach der Art der Bezugstat zu differenzieren:

Stellt die Bezugstat eine **vorsätzliche Straftat** dar, was in typischen Fällen im Bereich der Wirtschaftskriminalität der Regelfall ist, kann die Geldbuße **bis zu EUR 1.000.000,–** betragen.

Lässt sich keine vorsätzliche Begehung beweisen, kann auch eine **fahrlässige Straftat** als Bezugstat einer Verbandsgeldbuße in Betracht kommen. Die Geldbuße kann dann **bis zu EUR 500.000,–** betragen.

---

94 § 17 Abs. 1 OWiG.

In der Praxis lässt sich gelegentlich letztlich zwar keine Straftat nachweisen, das Verhalten des Beschuldigten kann jedoch als **Ordnungswidrigkeit** gewürdigt werden. In diesem Fall bestimmt sich das Höchstmaß der Verbandsgeldbuße nach dem für die Ordnungswidrigkeit angedrohtem Höchstmaß. Das gilt gemäß § 30 Abs. 2 Satz 3 OWiG auch, wenn die Tat zugleich eine Straftat ist und die Bußgeldobergrenze das Höchstmaß einer Geldbuße wegen der Straftat übersteigt.

cc) Neue Fälle

Für Taten **nach dem 30.06.2013** gelten erheblich höhere Bußgeldobergrenzen:

Danach beträgt die Obergrenze in Bezug auf **vorsätzliche Straftaten EUR 10.000.000,–**.

Für **fahrlässige Straftaten** beträgt die Obergrenze **EUR 5.000.000,–**.

Im Hinblick auf **Ordnungswidrigkeiten** ist zu differenzieren:

Grundsätzlich bestimmt sich das Höchstmaß der Geldbuße nach dem **für die Ordnungswidrigkeit angedrohtem Höchstmaß** (§ 30 Abs. 2 Satz 2 OWiG). Etwas anderes gilt jedoch, **wenn ein Gesetz auf die Vorschrift des § 30 Abs. 2 Satz 3 OWiG verweist**. Dann **verzehnfacht sich die Obergrenze** der Geldbuße.

Beispiel:

Einen praktisch besonders bedeutsamen Fall der Verweisung enthält der wichtige Ordnungswidrigkeitentatbestand des § 130 OWiG (§ 130 Abs. 3 Satz 2 OWiG). Die vorwerfbare Ordnungswidrigkeit liegt in diesen Fällen in der Aufsichtspflichtverletzung. Wenn ohne diese eine Straftat verhindert worden wäre, kann dies mit einer Geldbuße für den Täter des § 130 OWiG von bis zu EUR 1.000.000,– geahndet werden. Über die Verweisung des § 130 Abs. 3 Satz 2 OWiG kann die für diese Ordnungswidrigkeit zu verhängende Unternehmensgeldbuße bis zu EUR 10.000.000,– betragen.

dd) Gemischte Fälle

Schließlich gibt es gemischte Fälle. Damit sind Fallkonstellationen gemeint, in denen sowohl vor als auch nach dem 30.06.2013 Bezugstaten begangen wurden. In diesen Fällen sind beide Bußgeldrahmen anzuwenden. Für die Taten vor dem 30.06.2013 kommt ausschließlich der „alte“ Bußgeldrahmen zur Anwendung. Für die Fälle nach dem 30.06.2013 ist hingegen der neue Bußgeldrahmen anzuwenden. Die kurios anmutende Konsequenz, dass bei einer Serie von gleichgelagerten Taten mit vergleichbarem Unrechtsgehalt deutlich abweichende Rechtsfolgen eintreten können, muss als Folge des Rückwirkungsverbotes hingenommen werden. Eine faktische Fortgeltung des alten Bußgeldrahmens, um vergleichbare Taten gleich zu bebußen, kommt hingegen nicht in Betracht.

c) Bußgeldrahmenverschiebung wegen Vermögensabschöpfung

Gemäß § 30 Abs. 5 OWiG schließt die Verhängung einer Unternehmensgeldbuße den Verfall des Erlangten aus. Damit die Straftat sich gleichwohl nicht für das Unternehmen lohnt, muss die Abschöpfung im Rahmen des Bußgeldes erfolgen.

Die gesetzliche Ausgestaltung der Abschöpfung ist durch § 30 Abs. 3 OWiG erfolgt, der u. a. die entsprechende Anwendung von § 17 Abs. 4 OWiG anordnet. Nach dessen Satz 1 soll die Geldbuße den **wirtschaftlichen Vorteil**, den der Täter aus der Ordnungswidrigkeit gezogen hat, übersteigen. Dabei kann auch das gesetzliche Höchstmaß der Geldbuße (nach § 30 Abs. 2 OWiG) überschritten werden, wenn es nicht ausreicht, um den gezogenen wirtschaftlichen Vorteil zu übersteigen. Der Sache nach folgt aus der Verweisung des § 30 Abs. 3 OWiG eine Bußgeldrahmenverschiebung mit einer Unter- und einer Obergrenze.

Untergrenze:
Die faktische **Untergrenze** liegt in dem aus der Ordnungswidrigkeit gezogenen **wirtschaftlichen Vorteil** plus einer (zumindest minimalen) Erhöhung. Die Erhöhung stellt den ahndenden Teil der Geldbuße dar. Was aber ist der wirtschaftliche Vorteil? Nach ganz herrschender Meinung drückt die Formulierung „wirtschaftlicher Vorteil“ die Anordnung des sog. Nettoprinzips aus[95]. Im Gegenzug zum Bruttoprinzip, wonach das erlangte Etwas ohne Abzug von Aufwendungen abgeschöpft wird[96], kommt es beim Nettoprinzip auf den Gewinn an. Aus der Tat gezogene Vorteile werden erst nach Abzug von Kosten und Aufwendungen der Abschöpfung unterworfen. Nach herrschender Meinung können weiterhin auch nach der Tat **erfolgte Ausgleichszahlungen zur Schadenswiedergutmachung** den „wirtschaftlichen Vorteil“ mindern bzw. beseitigen[97]. Das bloße **Bestehen von zivilrechtlichen Ansprüchen** dürfte den wirtschaftlichen Vorteil hingegen noch nicht mindern. Denn die Vorschrift des § 73 Abs. 1 Satz 2 StGB gilt im Bereich des § 30 OWiG gerade nicht. Dem Unternehmen steht im Fall der späteren tatsächlichen Inanspruchnahme ggf. ein Ausgleich entsprechend § 99 OWiG zu[98].

Problematisch bei der Berechnung des wirtschaftlichen Vorteils ist immer wieder die Behandlung von **Steuern**[99]. Hierzu hat sich in der Praxis die folgende Differenzierung herausgebildet: Festgesetzte und gezahlte Steuern müssen bei der Berechnung berücksichtigt werden[100]. Im Übrigen liegt es

---

95 *Gürtler* in Göhler, § 17 Rdn. 38.
96 So in § 29a OWiG und §§ 73 ff. StGB.
97 *Corell/von Saucken*, wistra 2013, 297, 300 f.; umfassend dazu auch KK-Rogall, § 30 Rdn. 145 m. w. N.
98 Umfassend zum Meinungsstand KK-*Rogall*, § 30 Rdn. 145 f. m. w. N.
99 Umfassend zum Meinungsstand KK-*Rogall*, § 30 Rdn. 143 m. w. N.
100 BGH, Beschl. v. 25.04.2005 – KRK 22/04, NStZ 2006, 231, 232.

an dem Unternehmen, die Abschöpfung im Besteuerungsverfahren geltend zu machen.

Der so ermittelte wirtschaftliche Vorteil zuzüglich einer zumindest minimalen Erhöhung stellt die Untergrenze der Unternehmensgeldbuße dar.

Eine wichtige Ausnahme zur grundsätzlich erforderlichen Abschöpfung des wirtschaftlichen Vorteils bildet die Kartellordnungswidrigkeit nach § 81 GWB. Insofern ist in den nach § 81 Abs. 7 GWB ergangen Bußgeldleitlinien vorgesehen, dass ein Bußgeld wegen einer Ordnungswidrigkeit nach § 81 GWB auch nur ahndenden Charakter haben *kann*[101]. Der Verfolgungsbehörde ist also anheimgestellt, ob sie den wirtschaftlichen Vorteil abschöpft[102].

Wenn die Höhe des wirtschaftlichen Vorteils den Höchstbetrag nach § 30 Abs. 2 OWiG übersteigt, kann gemäß § 17 Abs. 4 Satz 2 OWiG dieser Höchstbetrag überschritten werden. Die faktische Untergrenze des Bußgeldrahmens kann also im Einzelfall sogar über der Höchstgrenze des § 30 Abs. 2 OWiG liegen.

Obergrenze:
Um das Risiko für das betroffene Unternehmen insgesamt zu bemessen, stellt sich dann die Frage nach der **Obergrenze** des Bußgeldrahmens. Sofern kein wirtschaftlicher Vorteil erzielt wurde, ist die jeweilige Höchstgrenze nach § 30 Abs. 2 OWiG einschlägig.

Wenn hingegen ein wirtschaftlicher Vorteil erzielt wurde, stellt sich die Frage nach dem **Verhältnis von Ahndung und Abschöpfung**. Wie ist die Konstellation zu bewerten, in der wegen einer vorsätzlichen Straftat eine Ahndung in Höhe von EUR 2.000.000,– erforderlich erscheint und ein wirtschaftlicher Vorteil in Höhe von EUR 9.000.000,– erzielt wurde? Grundsätzlich wäre eine Obergrenze von EUR 10.000.000,– einschlägig. Darf diese Grenze überschritten werden, um den ahndenden Teil der Geldbuße durchzusetzen? Dem scheint der Wortlaut von § 17 Abs. 4 Satz 2 OWiG entgegenzustehen, der eine Überschreitung der Höchstgrenze zulässt, wenn das gesetzliche Höchstmaß nicht ausreicht, um den wirtschaftlichen Vorteil abzuschöpfen („…hierzu…"). Auf die sachgerechte Ahndung in einer bestimmten Höhe bezieht sich die nach § 17 Abs. 4 Satz 2 OWiG zulässige Überschreitung des Höchstmaßes aber nicht ausdrücklich.

Wie wäre der Fall aber zu beurteilen, wenn der wirtschaftliche Vorteil EUR 11.000.000,– betragen würde? Sähe man diese Summe als Höchstbetrag im Sinne einer Deckelung an[103], wäre die gesetzliche Vorgabe – die Geldbuße soll den wirtschaftlichen Vorteil übersteigen – nicht zu erfüllen. Und

---

101 Vgl. Leitlinien des Bundeskartellamtes vom 25.06.2013, Rdn. 17.

102 Nach *Schönfeld/Haus/Bergmann*, DStR 2014, 2323 ff. hat eine Kartellgeldbuße jedoch immer abschöpfenden Charakter und kann folglich steuerlich geltend gemacht werden.

103 So offenbar *Corell/von Saucken*, wistra 2013, 297, 301 mit beachtlichen Argumenten.

gerade „hierzu“ lässt § 17 Abs. 4 Satz 2 OWiG die Überschreitung des gesetzlichen Höchstmaßes zu. Nach der hier vertretenen Ansicht ist daher nicht von einer Deckelung auszugehen. Vielmehr wäre bei einem wirtschaftlichen Vorteil in Höhe von EUR 11.000.000,– von einer faktischen Bußgeldobergrenze von 13.000.000,– auszugehen.

Abschließend ist das Verhältnis von Ahndung und Abschöpfung im Hinblick auf die Bußgeldrahmenobergrenze noch nicht geklärt. Allerdings stellt sich die Problematik in der Praxis regelmäßig als nicht entscheidend dar. Denn auch nach dem restriktivsten Verständnis sind die zur Verfügung stehenden Bußgeldrahmen immer noch sehr weitreichend. Überdies ist zu beachten, dass bei Tatserien in der Regel mehrere Geldbußen verhängt werden[104].

d) Mehrzahl von Gesetzesverletzungen

Erhebliche praktische Bedeutung kommt auch dem Umgang mit einer Mehrzahl von Gesetzesverletzungen zu. Deren Bewertung unterscheidet sich zum Teil sehr von der strafrechtlichen Beurteilung.

Ausgangspunkt ist die Frage, ob eine oder mehrere Handlungen vorliegen. Eine Handlung wird gemäß § 19 Abs. 1 OWiG nur durch eine einzige Geldbuße geahndet. Dies entspricht der strafrechtlichen Regelung des § 52 StGB. Demgegenüber führen mehrere Handlungen zu mehreren Geldbußen, die gemäß § 20 OWiG jeweils gesondert festgesetzt werden[105]. Das damit zum Ausdruck kommende **Kumulationsprinzip** unterscheidet sich von dem strafrechtlichen Modell der **Asperation**, welches dem § 53 StGB zugrunde liegt. Danach gehen die Einzelstrafen, die jeweils für eine Handlung festgesetzt werden, in einer Gesamtstrafe auf. Diese wird durch eine Erhöhung der höchsten Einzelstrafe, der Einsatzstrafe, gebildet. Sie darf dabei die Summe der Einzelstrafen nicht erreichen.

Beispiel:
A als Geschäftsführer der A-GmbH besticht im Abstand von jeweils drei Monaten insgesamt drei Mal einen Amtsträger, um die A-GmbH zu bereichern. Weil die Taten als jeweilig selbstständige Handlung gewertet werden, sollen gegen A drei Einzelstrafen von sechs, fünf und vier Monaten verhängt werden. Daraus kann eine Gesamtfreiheitstrafe von zehn Monaten gebildet werden.
Wegen dieser Taten sollen Unternehmensgeldbußen verhängt werden. Diese erscheinen in Höhe von EUR 30.000,–, EUR 25.000,– und EUR 20.000,– angemessen. Weil diese nicht zusammengefasst werden können, wäre gegen die A-GmbH die Summe von EUR 75.000,– zu vollstrecken.

---

104 Vgl. sogleich Abschnitt B.II.2.d.

105 Vgl. OLG Celle, Beschl. v. 29.03.2012 – 2 Ws 81/12, juris.

Da das Ordnungswidrigkeitenrecht keine entsprechende „Gesamtgeldbuße" kennt, kommt der Einordnung von mehreren Gesetzesverstößen als Handlungseinheit (und damit als einer Handlung) besondere Bedeutung zu. Zu unterscheiden sind in diesem Zusammenhang die natürliche Handlungseinheit und die rechtliche Handlungseinheit.

Eine **natürliche Handlungseinheit** liegt vor, wenn mehrere Verhaltensweisen in einem so engen Zusammenhang stehen, dass das gesamte Tätigwerden bei natürlicher Betrachtung als einheitlich zusammengefasstes Tun anzusehen ist[106].

Von einer **rechtlichen Handlungseinheit** spricht man, wenn trotz mehrerer Verhaltensweisen im Tatsächlichen im Rechtssinne nur eine Handlung vorliegt. Das ist bei folgenden Fallgruppen anerkannt:

- Mehrfache Verwirklichung eines Tatbestandes, dessen Beschreibung eine Mehrheit von gleich- oder verschiedenartigen Handlungsweisen voraussetzt[107].
- Dauerordnungswidrigkeiten (Handlungen, bei denen der Täter den von ihm durch die Verwirklichung des Bußgeldtatbestandes geschaffenen rechtswidrigen Zustandes aufrechterhält)[108].
- Fortdauernde Handlung[109].

Die sich aus der gesetzlichen Ausgestaltung in Form des Kumulationsprinzips ergebenden Härten[110] können ggf. durch die Anwendung des Opportunitätsprinzips ausgeglichen werden, indem das Verfahren hinsichtlich einzelner Taten gemäß § 47 OWiG eingestellt wird.

Zum Beispielsfall:
Im Beispielsfall könnte etwa das Ordnungswidrigkeitsverfahren wegen der Tat zu 3. gemäß § 47 OWiG eingestellt werden. Es wären dann nur noch EUR 55.000,– zu vollstrecken. Darüber hinaus kann die konkurrenzrechtliche Situation u. U. bereits bei der Bemessung der Höhe der Einzelgeldbußen berücksichtigt werden[111].

Wenn es bei den Anknüpfungstaten nicht um Ordnungswidrigkeiten sondern nur um Straftaten geht, wird allerdings teilweise vertreten, dass insoweit nur eine Geldbuße gegen den Verband festgesetzt wird[112]. Hier wird die

106 *Gürtler* in Göhler, vor § 19 Rdn. 3 ff.
107 *Gürtler* in Göhler, vor § 19 Rdn. 10 f.
108 *Gürtler* in Göhler, vor § 19 Rdn. 17 ff.
109 Nicht zu verwechseln mit der auch im Ordnungswidrigkeitenrecht nicht mehr anerkannten fortgesetzten Handlung; vgl. *Gürtler* in Göhler, vor § 19, Rdn. 23 ff.
110 Vgl. dazu *Cordes/Reichling*, NJW 2015, 1335 ff.
111 *Gürtler* in Göhler, vor § 19 Rdn. 14.
112 *Engelhart*, Sanktionierung von Unternehmen und Verbänden und Compliance, S. 443; *Rogall* in KK-OWiG, § 30 Rdn. 153; a. A. OLG Celle, Beschl. v. 29.03.2012 – 2 Ws 81/12, juris.

Auffassung vertreten, dass auch bei Straftaten Einzelgeldbußen zu verhängen sind, weil sich auch bei strafbaren Anknüpfungstaten die Rechtsfolgen für den Verband aus dem Ordnungswidrigkeitenrecht ergeben und dieses eben keine Gesamtgeldbuße kennt. Soweit es auf diese Unterscheidung ankommt, wird im Folgenden auf beide Ansichten hingewiesen.

e) Bemessung der konkreten Bußgeldhöhe

aa) Allgemeine Zumessungsfaktoren

Nachdem nunmehr der zur Verfügung stehende Bußgeldrahmen bekannt ist, stellt sich die Frage, wo innerhalb dieses großen Bereichs die konkrete Geldbuße anzusiedeln ist. Ausdrückliche Regeln dazu enthält § 30 OWiG nicht. Fest steht nur, dass der Wert des Erlangten zu übersteigen ist. Jedoch in welchem Umfang?

Trotz des Fehlens eines ausdrücklichen Verweises greift die Praxis auf § 17 Abs. 3 OWiG zurück, den sie sinngemäß anwendet[113]. Danach sind zunächst die **Bedeutung der Ordnungswidrigkeit**, der **den Täter treffende Vorwurf** und die **wirtschaftlichen Verhältnisse** heranzuziehen. Hinsichtlich der **wirtschaftlichen Verhältnisse** ist von den wirtschaftlichen Verhältnissen des Unternehmers und nicht von denjenigen des Täters der Bezugstat auszugehen[114].

Bei der **Bedeutung des Rechtsverstoßes** kommt es auf Gewicht und Ausmaß des Pflichtverstoßes, Häufigkeit, Dauer, Schwere eines etwaigen Schadens sowie sonstige Folgen der Tat an[115].

Im Hinblick auf den „den Täter treffenden Vorwurf" ist nicht primär an den Bezugstäter, sondern an das Unternehmen anzuknüpfen. Insofern ist schärfend zu berücksichtigen, ob sich die Tat als Ausdruck einer „Geschäftspolitik" darstellt. Mildernd wäre demgemäß, wenn der Verband ein effektives Compliance-Programm vorhalten würde[116]. Auch ein positiv zu bewertendes „Nachtatverhalten" kann sich ggf. bußgeldmindernd auswirken. Insofern gelten die obigen Ausführungen zur Ermessensausübung bei der Einleitung eines Bußgeldverfahrens entsprechend[117].

Sonderkonstellation:
Täter ist zugleich an dem Unternehmensträger beteiligt
Ist der Täter der Bezugstat zugleich Gesellschafter oder Mitglied des Unternehmensträgers, trifft ihn die Bebußung ggf. mit besonderer Härte. Denn zum einen wird er individuell bestraft. Und zum anderen trifft ihn mittelbar,

113 Zum Meinungsstand *Rogall* in KK-OWiG, § 30 Rdn. 134.
114 *Rogall* in KK-OWiG, § 30 Rdn. 138.
115 *Rogall* in KK-OWiG, § 30 Rdn. 136.
116 *Rogall* in KK-OWiG, § 30 Rdn. 137.
117 S. o. Abschnitt B.V.1.

wenn „sein" Unternehmen (nicht selten ist er der einzige Gesellschafter) empfindlich bebußt wird. Es stellt sich die Frage, ob dies nicht im Vergleich zu dem „reinen" Angestellten eine unfaire Schlechterstellung ist.
Das wird zwar oft so empfunden, greift aber letztlich nicht durch. Denn aufgrund der unterschiedlichen Adressaten der belastenden Rechtsfolgen liegt weder rechtlich noch tatsächlich eine Doppelverfolgung vor. Insofern ist zu berücksichtigen, dass auch tatunbeteiligte Gesellschafter in gleicher Weise von der Geldbuße mittelbar betroffen sein können, ohne dass deshalb von einer Geldbuße abzusehen ist.[118] Zudem hat der Täter, der zugleich Gesellschafter ist, aus der Tat weitergehende Vorteile, die dem Nichtgesellschafter-Täter nicht zugutekommen. Er profitiert stärker von unternehmensbezogenen Straftaten durch die straftatbezogenen Einnahmen und die damit verbundene Steigerung des Unternehmenswertes. Warum sollte ihm der straftatbedingte Wertzuwachs seines Unternehmens verbleiben? Die härtere Belastung des Gesellschafter-Täters durch Strafe und Geldbuße ist also durchaus konsequent. Ein Absehen von der Geldbuße ist in diesen Konstellationen daher regelmäßig nur vorsichtig in Betracht zu ziehen. Bei der Höhe der Geldbuße wird man dies aber jedenfalls zu berücksichtigen haben[119]. U. U. bietet es sich als Kontrollüberlegung an, wie die wirtschaftliche Gesamtbelastung wäre, wenn der Täter als Einzelunternehmer gehandelt hätte[120].

bb) Bußgeldleitlinien

Für praktisch oft relevante Konstellationen haben die zuständigen Behörden sich teilweise „Bußgeldleitlinien" gegeben. Dabei handelt es sich um ermessensleitende Verwaltungsgrundsätze. Sie können als **deliktsspezifische Konkretisierungen** des weiten Ermessensspielraumes verstanden werden.

Als reine verwaltungsinterne Vorgaben kommt ihnen keine Bindungswirkung für die Gerichte zu[121]. Gleichwohl steht es den Staatsanwaltschaften (wenn sie etwa in Verfahren wegen § 298 StGB gemäß § 82 Satz 2 GWB auch die Bebußung des Unternehmens übernehmen) und den Gerichten frei, sich an den Grundsätzen zu orientieren, und so den sehr weiten Bußgeldrahmen eine gewisse Ausgestaltung zu geben und die Entscheidung für Dritte besser prognostizierbar zu machen.

118 Vgl. KK-Rogall, § 30 Rdn. 137.
119 *Rogall* in KK-OWiG, § 30 Rdn. 139.
120 *Gürtler* in Göhler, § 30 OWiG, Rdn. 35.
121 *Mühlhoff*, NZWiSt 2013, 321.

(1) Die Bußgeldleitlinien des Bundeskartellamtes[122]

Für die Geldbußen nach § 81 Abs. 1, 2 Nr. 1, 2a, 5, Abs. 3 gilt gemäß § 81 Abs. 4 Satz 2 GWB für Unternehmen eine gesetzliche Bußgeldobergrenze in Höhe von 10 % des im der Behördenentscheidung vorausgegangenen Geschäftsjahr erzielten Umsatzes des Unternehmens oder der Unternehmensvereinigung. Die Untergrenze beträgt gemäß § 17 OWiG 5 €. Innerhalb dieses – umsatzabhängig – sehr weiten Bußgeldrahmens erfolgt eine Konkretisierung anhand der Bußgeldleitlinien.

Diese orientieren sich zunächst am Gewinn- und Schadenspotential einerseits und andererseits an dem Gesamtumsatz des Unternehmens. Ausgangspunkt ist der tatbezogene Umsatz. Das ist der mit den Produkten bzw. Dienstleistungen, die mit der Zuwiderhandlung im Zusammenhang stehen, während des gesamten Tatzeitraums erzielte Inlandsumsatz des Unternehmens. Sollte aufgrund der Besonderheit der Tat (z. B. Abgabe eines „Schutzangebotes" bei § 298 StGB) kein Umsatz erzielt worden sein, wird der ohne die Zuwiderhandlung vermutlich erzielte Umsatz zugrunde gelegt.

Von diesem tatbezogenen Umsatz werden 10% als Ansatz für die Unternehmensgeldbuße herangezogen. Je nach Umsatzgröße wird dieser Wert erhöht: Beträgt der Umsatz im Sinne des § 81 Abs. 4 Satz 2 GWB (s. o.) bis zu 100 Mio. EUR mit dem Faktor 2 bzw. 3, bis zum Umsatz von 1 Mrd. EUR mit Faktor 3 bis 4, bis zu 10 Mrd. EUR mit Faktor 4 bis 5, bis 100 Mrd. EUR mit Faktor 5 bis 6 und ab über 100 Mrd. EUR mit mindestens Faktor 6 bis 7. Die gesetzliche Obergrenze darf dabei nicht überschritten werden. Wird sie durch den vorstehend berechneten Wert unterschritten, so ist dieser die Obergrenze.

Innerhalb des so eingegrenzten Bußgeldrahmens erfolgt eine Bemessung anhand tat- und täterbezogener Zumessungskriterien, wie etwa Art und Dauer der Zuwiderhandlung, ihre Auswirkungen, die Bedeutung der Märkte und der Organisationsgrad unter den Beteiligten, die Rolle des Unternehmens im Kartell, die Stellung des Unternehmens auf dem betroffenen Markt, Besonderheiten bei der Wertschöpfungstiefe, der Grad des Vorsatzes/der Fahrlässigkeit und vorangegangene Verstöße.

Weitere Faktoren sind positives Nachtatverhalten etwa in Gestalt eines Bonusantrages oder bei einer Erledigung im Wege des Settlements.

Von den Leitlinien kann in atypischen Konstellationen abgewichen werden.

Die vorstehenden Ausführungen betreffen nur den „ahndenden" Teil. Darüber hinaus kann das Bundeskartellamt auch aus der Tat erlangte wirtschaftliche Vorteile entziehen.

122 Abrufbar unter www.bundeskartellamt.de.

(2) Bußgeldleitlinien der Bundesanstalt für Finanzdienstleistungsaufsicht[123]

Auch die Bundesanstalt für Finanzdienstleistungsaufsicht hat für die von ihr zu verfolgenden Verstöße gegen bestimmte Vorschriften des WpHG Bußgeldleitlinien eingeführt.

Danach vollzieht sich die Bußgeldbemessung grundsätzlich in drei Schritten. Zunächst wird anhand der Größe des Emittenten und der Schwere des Verstoßes ein Grundbetrag ermittelt. Im zweiten Schritt erfolgt eine Anpassung des Grundbetrages anhand mildernder Kriterien (Geständnis, Kooperation, lange Verfahrensdauer, [beabsichtigte]) Besserungsmaßnahmen) und erschwerender Kriterien (wiederholte Tatbegehung, fehlende Unrechtseinsicht). Schließlich werden in einem dritten Schritt die wirtschaftlichen Verhältnisse des Betroffenen berücksichtigt.

Mit der Festsetzung der Geldbuße kann auch der wirtschaftliche Vorteil, der aus der Tat erlangt ist, abgeschöpft werden.

3. Verjährung

Die Verjährung von der Verbandsgeldbuße richtet sich nicht nach der Verfolgungsverjährung für Ordnungswidrigkeiten nach § 31 OWiG. Vielmehr gilt für die Verjährung der Unternehmensgeldbuße **Akzessorietät zur Verjährung der Bezugstat.**[124] Es ist also genau zu prüfen, wie lang die **Verjährungsfrist** der Bezugstat ist. Dabei kommt es nach § 78 Abs. 3 StGB auf das angedrohte Höchstmaß an. Soweit das Höchstmaß in besonderen Fällen verschärft oder gemildert wird, ist das gemäß § 78 Abs. 4 StGB grundsätzlich unbeachtlich. Allerdings ist stets zu prüfen, ob eine Ausnahme von diesem Grundsatz einschlägig ist[125].

Die Verjährung beginnt mit der Beendigung der Tat (§ 78a StGB). Wann eine Tat beendet ist, lässt sich nicht pauschal beantworten, sondern ist unter Berücksichtigung des jeweiligen Einzelfalles deliktsspezifisch zu klären. Insoweit sei auf die einschlägige Kommentarliteratur verwiesen[126].

Von hoher praktischer Bedeutung ist zudem die **Unterbrechung** der Verjährung. Auch insoweit gilt die Akzessorietät zur Bezugstat. Ist die Verfolgbarkeit der Bezugstat nur deshalb noch möglich, weil eine Unterbrechung stattgefunden hat, so wirkt diese auch für die Verjährung der Unternehmensgeldbuße.

---

123 Abrufbar unter *www.bafin.de*

124 BGH, Urt. v. 05.12.2000 – 1 StR 411/00, NJW 2001, 1436; *Gürtler* in Göhler, § 30 Rdn. 43a.

125 Vgl. etwa § 376 AO.

126 Sehr gute Übersicht hierzu etwa bei Fischer, StGB, § 78a Rdn. 7 ff. m. w. N.

Wichtig:
Kommen aufgrund mehrerer Handlungen mehrere Geldbußen in Betracht, ist die Verjährung für jede gesondert zu prüfen![127]

Beispiel:
Der Geschäftsführer G der G-GmbH vereinbart mit dem Amtsträger A am 10.05.2008, dass A der G-GmbH entgegen der Rechtslage eine umweltrechtliche Genehmigung erteilen soll. Hierfür soll A insgesamt EUR 100.000,– erhalten; EUR 50.000,– sofort und weitere EUR 50.000,– nach Erteilung der Genehmigung. So geschieht es. Die Genehmigung wird am 30.05.2008 erteilt. Am 10.06.2008 erhält A die zweite Zahlung in Höhe von EUR 50.000,–.
Nachdem die Taten des U bekannt geworden sind, werden am 30.12.2012 im Rahmen eines staatsanwaltschaftlichen Ermittlungsverfahrens gegen G wegen des Verdachts der Bestechung und Bestechlichkeit auf der Grundlage eines gerichtlichen Durchsuchungsbeschlusses vom 20.12.2012 u. a. die Geschäftsräume der G-GmbH durchsucht.
Nach Abschluss der Ermittlungen prüft die Staatsanwaltschaft Anfang 2014, ob eine Verbandsgeldbuße gemäß § 30 OWiG gegen die U-GmbH verhängt werden kann.
Zu prüfen ist, ob eine etwaige Unternehmensgeldbuße verjährt wäre. Die Verjährungsfrist richtet sich nach der Verjährung der Bezugstat. Das ist im vorliegenden Fall eine Bestechung nach § 334 StGB. Diese ist mit Freiheitsstrafe von drei Monaten bis zu 5 Jahren bedroht. Die Verjährungsfrist beträgt daher gemäß § 78 Abs. 3 Nr. 4 StGB 5 Jahre. Soweit auch ein besonders schwerer Fall der Bestechung in Betracht kommt (§ 335 Abs. 2 Nr. 1 StGB), der mit einer Höchststrafe bis zu 10 Jahren bedroht ist, ist das gemäß § 78 Abs. 4 StGB unbeachtlich.
Die Verjährung beginnt mit der Beendigung der Tat. Das ist bei der vorliegenden Bestechung dann der Fall, wenn der Bestochene den gesamten vereinbarten Vorteil erlangt hat[128]. Danach ist Beendigung am 10.06.2008 eingetreten. Grundsätzlich wäre die Verjährung also am Schluss des 09.06.2013 eingetreten.
Weil vor Ablauf der Verjährungsfrist mit dem Erlass des Durchsuchungsbeschlusses am 20.12.2012 eine Verjährungsunterbrechung nach § 78c Abs. 1 Nr. 4 StGB bewirkt wurde, begann die Verjährungsfrist dem G gegenüber von Neuem (§ 78c Abs. 3 Satz 1 StGB). Diese Unterbrechung

127 Wenn man den Standpunkt vertritt, dass bei strafbaren Anknüpfungstaten eine Gesamtgeldbuße möglich ist, könnten nur die nicht verjährten Taten in diese einbezogen werden.

128 *Fischer*, StGB, § 78a Rdn. 8 m. w. N.; weil im Beispiel die versprochene Gegenleistung vorher bewirkt wurde, kann die Rechtsfrage, ob Beendigung zudem voraussetzt, dass die Gegenleistung bewirkt sein muss, dahinstehen.

wirkt aber auch gegenüber der G-GmbH, so dass diese auch nach dem 09.06.2013 noch bebußt werden kann, auch wenn das Verfahren sich vorher noch nicht gegen sie gerichtet hat.

4. Exkurs: Steuerliche Behandlung von Verbandsgeldbußen[129]

Ist eine Unternehmensgeldbuße rechtskräftig verhängt, stellt sich die Anschlussfrage, wie mit der darin liegenden wirtschaftlichen Belastung steuerlich umzugehen ist. Zentrale Norm ist insoweit **§ 4 Abs. 5 Satz 1 Nr. 8 EStG**. Danach dürfen Betriebsausgaben u. ä. den Gewinn nicht mindern, wenn sie aus Geldbußen eines deutschen Gerichts oder einer deutschen Behörde resultieren. Dieses Abzugsverbot gilt wiederum nicht, soweit der wirtschaftliche Vorteil, der durch den Gesetzesverstoß erlangt wurde, abgeschöpft worden ist, wenn die Steuern vom Einkommen und Ertrag, die auf den wirtschaftlichen Vorteil entfallen, nicht abgezogen worden sind. Dieser Rückausnahme kommt für die Verbandsgeldbußen erhebliche praktische Bedeutung zu.

Das Bußgeld ist soweit absetzbar, als mit ihm der wirtschaftliche Vorteil abgeschöpft wurde und Steuern noch nicht berücksichtigt sind. Es stellt sich gelegentlich das Problem der Bezifferung des somit absetzbaren Betrages, weil die Finanzbehörden an der Berechnung des Bußgeldbescheides nicht mitgewirkt haben. Es ist deshalb für alle Verfahrensbeteiligten, insbesondere die Verteidigung, wichtig, die Berechnung für Dritte nachvollziehbar zu machen. Das kann z. B. durch einen Vermerk in den Akten geschehen. Am einfachsten ist es aber, wenn diese Differenzierung direkt in den Tenor (im Urteil oder Strafbefehl) mit aufgenommen wird. Dieser könnte dann zum Beispiel wie folgt lauten:

„Gegen die A-GmbH wird eine Geldbuße in Höhe von EUR 50.000,– festgesetzt. Hiervon stellen EUR 40.000,– die Abschöpfung des wirtschaftlichen Vorteils dar. Steuern wurden nicht berücksichtigt.“

In dem vorstehenden Beispiel ist die A-GmbH mit einer Unternehmensgeldbuße von EUR 50.000,– belegt worden, wovon EUR 40.000,– nachvollziehbar den gezogenen wirtschaftlichen Vorteil abschöpfen. In dieser Höhe kann die Geldbuße steuerlich geltend gemacht werden.

Praxishinweis:
Sollte es vor dem Abschluss der Ermittlungen zu einer Erörterung des Verfahrensstandes nach § 160b StPO kommen, in deren Rahmen auch die Höhe eines Bußgeldes thematisiert wird, empfiehlt es sich in diesem Stadium gleich zu klären, in welchem Umfang die Geldbuße abschöpfenden Charakter

129 Ausführlich dazu *Haase/Geils*, BB 2015, 2583 ff.

hat, und auf eine entsprechende aktenmäßige Dokumentation hinzuwirken. Gemäß § 160b Satz 2 StPO ist der wesentliche Inhalt der Erörterung aktenkundig zu machen.

5. Exkurs: Regress

Wenn eine Verbandsgeldbuße rechtskräftig festgesetzt worden ist, stellt sich die Frage, ob der Verband bei dem Bezugstäter Regress nehmen kann. Denn regelmäßig dürfte die Anknüpfungstat zugleich gegen arbeitsvertragliche- bzw. gesellschaftsrechtliche Pflichten verstoßen, so dass ein Schadensersatzanspruch in Betracht kommen könnte.

Beispiel:
Gegen die A-GmbH ist eine Verbandsgeldbuße in Höhe von EUR 200.000,– festgesetzt worden, die in Höhe von EUR 100.000,– vermögensabschöpfenden Charakter hat. Die zugrundeliegende Anknüpfungstat des Geschäftsführers GF verstößt zugleich gegen interne arbeitsvertragliche Pflichten. Kann die Gesellschaft den GF in Höhe der Geldbuße in Regress nehmen?

Grundsätzlich kommt eine Haftung des Geschäftsführers einer GmbH gemäß § 43 Abs. 2 GmbHG für alle von ihm schuldhaft verursachten Schäden der Gesellschaft in Betracht. Entsprechendes gilt gemäß § 93 Abs. 2 AktG für die Vorstandsmitglieder einer Aktiengesellschaft.

Jedoch ist nach einer aktuellen Entscheidung des LAG Düsseldorf kein Regress gegen den Geschäftsführer wegen einer Verbandsgeldbuße möglich[130]. Denn die Verbandsgeldbuße müsse bei dem Unternehmen bleiben und die Unternehmensträger treffen, um so deren zukünftiges Verhalten hinsichtlich Auswahl und Anstellung zu beeinflussen. Außerdem realisiere sich mit der Verbandsgeldbuße ein Betriebsrisiko. Die Entscheidung ist zu einer Verbandsgeldbuße wegen einer Kartellordnungswidrigkeit ergangen; die Argumentation lässt sich jedoch auch auf andere Anknüpfungstatbestände übertragen.

Selbst wenn man das anders sieht, müsste man sich ggf. mit dem Umstand auseinandersetzen, dass sich die Verbandsgeldbuße an den wirtschaftlichen Verhältnissen des Verbandes und nicht an denen des Anknüpfungstäters orientiert, was ggf. zu einer Haftungsminderung führen könnte.

---

130 LAG Düsseldorf, Urt. v. 20.01.2015 – 16 Sa 459/14, BB 2015, 1018 m. zust. Anm. v. *Kollmann/Aufdermauer*; kritisch *Bayer/Scholz*, GmbHR 2015, 449 ff.; *Reuter*, BB 2016, 1283, sieht das Zusammenspiel zwischen Unternehmensgeldbußen, Regressausschluss, fehlender Versicherbarkeit und Gesellschaftsrecht vor dem Hintergrund von Art. 14 GG sehr kritisch.

Zum Beispielsfall:
Ein etwaiger Schadensersatzanspruch könnte sich allenfalls auf EUR 100.000,– belaufen. Denn im Übrigen ist dem Verband ein entsprechender wirtschaftlicher Vorteil zugeflossen, der den Schadensersatz nach den Grundsätzen der Vorteilsausgleichung mindert[131]*. Allerdings dürfte unter Berücksichtigung der Entscheidung des LAG Düsseldorf, davon auszugehen sein, dass ein Schadensersatzanspruch aufgrund des Regressausschlusses nicht möglich ist.*

131 *Bayer/Scholz*, GmbHR 2015, 449, 453 ff. m. w. N.

VI. Rechtsnachfolge/Unternehmensveränderungen

1. Einleitung

Liegen die Voraussetzungen für eine Verbandsgeldbuße vor, stellt sich gelegentlich die Frage, wie sich zwischenzeitlich eingetretene gesellschaftsrechtliche oder auch erhebliche faktische Veränderungen bei dem als tauglichen Bußgeldadressaten identifizierten Verband auswirken. Hierzu gehören nicht die bloße Umbenennung nach § 17 HGB oder der bloße Rechtsformwechsel[132], welche die grundsätzliche Struktur unverändert lassen und daher auch keinen Einfluss auf die Geldbuße haben. Das gleiche gilt für Änderungen in dem Gesellschafterbestand[133].

Im Übrigen ist die Rechtslage nach Zeitpunkt und Art der Veränderung differenziert zu bewerten. Dies soll anhand der folgenden Fälle veranschaulicht werden.

> ***Fall 1:***
> *Der Geschäftsführer der A-GmbH begeht im Januar 2013 eine taugliche Anknüpfungstat. Im April 2013 wird die A-GmbH auf die im Hinblick auf die relevanten Kennzahlen etwa gleich große B-GmbH verschmolzen. Kann die Geldbuße nun gegen die B-GmbH verhängt werden?*

> ***Fall 2:***
> *Sachverhalt wie Fall 1. Zeitpunkt der Tat ist nunmehr Januar 2015. Die Verschmelzung findet im April 2015 statt.*

> ***Fall 3:***
> *Sachverhalt wie Fall 1. Zeitpunkt der Tat ist Januar 2013. Die Verschmelzung findet im April 2015 statt.*

> ***Fall 4:***
> *Der Geschäftsführer und alleinige Gesellschafter der A-GmbH (ein Tiefbauunternehmen) begeht im Januar 2015 eine taugliche Anknüpfungstat. Im März 2015 gründet er die B-GmbH, an der er sämtliche Anteile hält. Im April 2015 veräußert er alle Maschinen an die B-GmbH, mit der er nunmehr sein ursprüngliches Geschäft weiter betreibt. Nach und nach wechseln alle Mitarbeiter zur B-GmbH. Die A-GmbH wird im November 2015 liquidiert. Nunmehr wird die B-GmbH in A-GmbH umbenannt. Kann jetzt gegen die „neue" A-GmbH eine Verbandsgeldbuße wegen der Anknüpfungstat verhängt werden?*

---

132 Vgl. BVerfG, Beschl. v. 20.08.2015 – 1 BvR 980/15, BB 2015, 2449.

133 *Wittig*, § 12 Rdn. 11a.

Fall 5:
A betreibt sein Geschäft als Einzelkaufmann. Dabei begeht er eine taugliche Anknüpfungstat. Danach überführt er sein Unternehmen in eine GmbH, die er eigens dafür gegründet hat und an der er sämtliche Anteile hält. Kann gegen diese GmbH nunmehr eine Verbandsgeldbuße verhängt werden?

2. Rechtslage bei Gesamtrechtsnachfolge vor 30.06.2013

Eine ausdrückliche gesetzliche Regelung zur Rechtsnachfolge in Bezug auf Verbandsgeldbußen besteht mit § 30 Abs. 2a OWiG seit dem 30.06.2013. Da dieser Regelung keine rückwirkende Kraft zukommt[134], ist insofern auf die Rechtsprechung zur Rechtslage vor dem 30.06.2013 zurückzugreifen. Danach kann die Verbandsgeldbuße nur dann gegen eine juristische Person festgesetzt werden, wenn eine für sie tätige Leitungsperson eine Anknüpfungstat begangen hat. Ist diese juristische Person (etwa durch Verschmelzung) erloschen, wenn sog. **Nahezu-Identität** des Rechtsnachfolgers mit der erloschenen juristischen Person besteht. Eine solche Nahezu-Identität ist anzunehmen,

„wenn das ‚haftende Vermögen' weiterhin vom Vermögen des gemäß § 30 OWiG Verantwortlichen getrennt, in gleicher oder ähnlicher Weise wie bisher eingesetzt wird und in der neuen juristischen Person einen wesentlichen Teil des Gesamtvermögens ausmacht"[135].

*Im **Fall 1** ist aufgrund des Tatzeitpunktes und des Zeitpunktes der Rechtsnachfolge § 30 Abs. 2a OWiG nicht anwendbar. Voraussetzung für eine Bebußung der B-GmbH wäre also Nahezu-Identität mit der A-GmbH; eine solche ist schon angesichts der Größenverhältnisse nicht nachweisbar. Die Bebußung der B-GmbH ist also nicht möglich.*

3. Rechtslage bei Gesamtrechtsnachfolge seit 30.06.2013

Mit § 30 Abs. 2a OWiG besteht nunmehr eine seit dem 30.06.2013 geltende Regelung zur Gesamtrechtsnachfolge bei Verbandsgeldbußen.

§ 30 Abs. 2a OWiG lautet:

Im Falle einer Gesamtrechtsnachfolge oder einer partiellen Gesamtrechtsnachfolge durch Aufspaltung (§ 123 Absatz 1 des Umwandlungsgesetzes) kann die Geldbuße nach Absatz 1 und 2 gegen den oder die Rechtsnachfol-

134 BGH, Beschl. v. 16.12.2014 – KRB 47/13, BGHSt 60, 121.
135 BGH, Beschl. v. 16.12.2014 – KRB 47/13, BGHSt 60, 121.

ger festgesetzt werden. Die Geldbuße darf in diesen Fällen den Wert des übernommenen Vermögens sowie die Höhe der gegenüber dem Rechtsvorgänger angemessenen Geldbuße nicht übersteigen. Im Bußgeldverfahren tritt der Rechtsnachfolger oder treten die Rechtsnachfolger in die Verfahrensstellung ein, in der sich der Rechtsvorgänger zum Zeitpunkt des Wirksamwerdens der Rechtsnachfolge befunden hat.

Die Regelung erfasst zum einen die Gesamtrechtsnachfolge und zum anderen die partielle Gesamtrechtsnachfolge durch Aufspaltung nach § 123 Abs. 1 UmwG. Nicht erfasst sind demgemäß die Einzelrechtsnachfolge sowie die partielle Gesamtrechtsnachfolge durch Abspaltung (§ 123 Abs. 2 UmwG) oder Ausgliederung (§ 123 Abs. 3 UmwG). Die Regelung lässt daher das Prinzip erkennen, dass eine Geldbuße gegen den Rechtsnachfolger nur dann möglich ist, wenn der Rechtsvorgänger durch den Rechtsnachfolgetatbestand unmittelbar vollständig erloschen ist. Bleibt ein bebußungsfähiger Rechtsträger bestehen, so tritt keine Rechtsnachfolge ein, auch wenn eine Verbandsgeldbuße gegen den Restverband mangels ausreichenden Vermögens nicht vollstreckt werden kann.

Liegt eine Gesamtrechtsnachfolge im Sinne des § 30 Abs. 2a OWiG vor, so *kann* die Geldbuße gegen den oder die Rechtsnachfolger festgesetzt werden. Das somit ausgedrückte Ermessen bezieht sich sowohl auf die Entscheidung über das „ob“ der Bebußung (insofern kann nichts Anderes gelten als bei der Entscheidung über die Verhängung gegen den Rechtsvorgänger) als auch auf die Auswahl des Rechtsnachfolgers, falls mehrere in Betracht kommen. Ob die Rechtsnachfolger untereinander als Gesamtschuldner haften, ist nicht explizit geregelt, wird aber jedenfalls in der Literatur abgelehnt[136].

Im Hinblick auf die Höhe der Verbandsgeldbuße sieht § 30 Abs. 2a OWiG eine zweifache Begrenzung vor. Die Geldbuße darf danach weder den Wert des übernommenen Vermögens noch die Höhe der gegenüber dem Rechtsvorgänger angemessenen Geldbuße übersteigen. Folge dieser Begrenzung ist auch, dass nur beim Rechtsnachfolger vorliegende erschwerende Umstände (etwa ein vorangegangener gleichartiger Verstoß) sich nicht bußgelderhöhend auswirken dürfen, obwohl gerade der Rechtsnachfolger Adressat der Verbandsgeldbuße ist[137]. Beide Begrenzungen können im Einzelfall detaillierte Feststellungen im Urteil erfordern und dem betroffenen Rechtsnachfolger einige Verteidigungsansätze bieten[138].

Auch wenn der Gesetzgeber bei der Schaffung des § 30 Abs. 2a OWiG als vorrangiges Ziel verfolgt hatte[139], von Bußgeldvermeidungsabsicht getragenen Umstrukturierungen entgegenzuwirken, enthält der Tatbestand keine

---

136 *Werner*, wistra 2015, 176, 178 f. m. w. N.

137 *Kahlenburg/Neuhaus*, BB 2013, 131, 135.

138 Vgl. *Werner*, wistra 2015, 176, 179; *Altenburg/Peukert*, BB 2014, 649, 654.

139 BT-Drucks. 17/11053, S. 20; *Wittig*, § 12 Rdn. 11c.

dahingehende Einschränkung. Insbesondere ist kein subjektives Element wie etwa eine Bußgeldvermeidungsabsicht erforderlich. Daraus folgt jedoch, dass bei einem Unternehmenskauf, bei dem die erwerbende Gesellschaft keine Kenntnis von der Anknüpfungstat hatte, eine Festsetzung der Geldbuße auch gegen diese in Betracht kommt. In dieser Konstellation wird in der Literatur wegen sonst drohender Verletzung des Rechtsstaatsprinzips eine Einschränkung im Wege der verfassungskonformen Interpretation erwogen[140]. M. E. bietet – unabhängig davon, ob man die verfassungsrechtliche Bewertung teilt – die Ausgestaltung des § 30 Abs. 2a OWiG als Ermessensvorschrift hinreichende Möglichkeiten, Konstellationen mit erkennbar fehlender Bußgeldvermeidungsabsicht angemessen Rechnung zu tragen. Auf dieser Ebene lassen sich der Käuferseite unbekannte Bußgeldrisiken einerseits, aber auch dem veräußerten Unternehmen aus der Tat zugeflossene Vorteile andererseits, sowohl bei der Entscheidung über das „ob" einer Geldbuße, als auch bei deren Höhe berücksichtigen.

Haftungsminimierung beim Unternehmenskauf

Zur Haftungsminimierung wegen Kartellrechtsverstößen beim Unternehmenskauf schlagen *Baron/Trebing*[141] vor, bei im Rahmen der due diligence erkannten Bußgeldrisiken eine entsprechende Herabsetzung des Kaufpreises oder eine Freistellungsklausel zu verhandeln. Bei unerkannten Kartellrechtsverstößen sei die Inanspruchnahme der Bonusregelung des Bundeskartellamtes zu prüfen.

Der Rechtsnachfolger tritt gemäß § 30 Abs. 2a Satz 3 OWiG verfahrensrechtlich in die Stellung ein, in die sich der Rechtsvorgänger befunden hat, als die Rechtsnachfolge wirksam geworden ist. Ist der Rechtsvorgänger beispielsweise bereits im Wege der Nebenbeteiligung an einem eröffneten Hauptverfahren in einer Strafsache beteiligt, so gilt das automatisch auch für den Rechtsnachfolger.

*Im **Fall 2** liegen die Voraussetzungen des § 30 Abs. 2a OWiG vor. Mit etwaigen Einschränkungen hinsichtlich des Werts der A-GmbH und der dieser gegenüber angemessenen Geldbuße kann eine Geldbuße gegen die B-GmbH festgesetzt werden.*

*Fraglich ist, ob das auch im **Fall 3** möglich ist. Hier liegt die Anknüpfungstat vor dem Wirksamwerden des § 30 Abs. 2a OWiG, während die Rechtsnachfolge danach eingetreten ist. In dieser Konstellation wird unter Hinweis auf fehlendes schutzwürdiges Vertrauen des Rechtsnachfolgers teilweise erwogen, dass § 30 Abs. 2a OWiG jedenfalls dann anwendbar*

---

140 *Werner*, wistra 2015, 176, 178 m. w. N.

141 BB 2015, 131, 135.

ist, wenn die Anknüpfungstat dem Erwerber positiv bekannt war[142]*. Da hierzu noch keine Rechtsprechung vorliegt, besteht aus der Sicht des Rechtsnachfolgers ein erhebliches Prozessrisiko, in Anspruch genommen zu werden. Vor diesem Hintergrund sollte versucht werden, ein positiv bekanntes Bußgeldrisiko beim Kauf einzupreisen.*

4. Einzelrechtsnachfolge

Die vorstehenden Ausführungen zur Gesamtrechtsnachfolge betreffen in erster Linie den *share deal.* Alternativ dazu kann der Unternehmenskauf als *asset deal* im Wege der Einzelrechtsnachfolge in die einzelnen Vermögensgüter ausgestaltet sein. Der *asset deal* ist von § 30 Abs. 2a OWiG nicht erfasst, sodass eine Geldbuße nicht gegen den (Einzel-) Rechtsnachfolger festgesetzt werden kann. „Droht" daher bei einer ermittelten Anknüpfungstat ein *asset deal,* so bleibt den Ermittlungsbehörden zur Sicherung des Bußgeldanspruches nur der Weg über den dinglichen Arrest nach § 30 Abs. 6 OWiG. Dieser setzt allerdings zunächst einen bestehenden Bußgeldbescheid voraus. Und darüber hinaus muss gemäß § 30 Abs. 6 OWiG i. V. m. § 111d StPO i. V. m. § 917 ZPO ein Arrestgrund vorliegen, was bei der bloßen Tatsache des Unternehmenskaufes nicht pauschal angenommen werden kann[143].

In diesem Zusammenhang ist allerdings darauf hinzuweisen, dass bei dieser Vorgehensweise ebenfalls sowohl zivilrechtliche als auch strafrechtliche Risiken bestehen, wenn bei der Übertragung der einzelnen Rechtspositionen die berechtigten Belange der Gläubiger der verkaufenden Gesellschaft missachtet werden[144].

*Im **Fall 4** ist eine Bebußung der „neuen" A-GmbH mangels Rechtsnachfolgetatbestand nicht möglich. Für eine Bebußung kommt bis zur Liquidation noch die „alte" A-GmbH in Betracht, was aber mangels Vollstreckbarkeit ineffektiv wäre.*

Haftungsrisiken

Vor dem Hintergrund der insbesondere über den asset deal bestehenden Möglichkeiten zur Haftungsvermeidung wird in der Literatur vertreten, dass es ein Beratungsfehler sein kann, auf diese Möglichkeiten nicht hinzuweisen[145].

---

142 *Mühlhoff,* NZWiSt 2013, 321, 326; a. A. *Werner,* wistra 2015, 32176, 180.

143 *Mühlhoff,* NZWiSt 2013, 321, 328; *Kahlenberg/Neuhaus,* BB 2013, 131, 135.

144 Dazu ausführlich *Wiedmann/Funk,* BB 2015, 2627, 2361 f.

145 *Reichling,* NJW 2012, 166, 167; *Mühlhoff,* NZWiSt 2013, 321, 327; *Werner,* wistra 2015, 176, 180.

Auch könne ein Organ eines Unternehmens sich schadensersatzpflichtig machen, wenn es solche Möglichkeiten nicht zumindest ernsthaft erwäge[146].

5. Natürliche Personen als Rechtsnachfolger oder Rechtsvorgänger

Ist eine natürliche Person Rechtsnachfolger oder Rechtsvorgänger, ist die Regelung des § 30 Abs. 2a OWiG ebenfalls nicht anwendbar. Denn diese gilt nur für juristische Personen und Personengesellschaften[147]. Hat der Täter als Einzelkaufmann gehandelt, konnte gegen ihn keine Verbandsgeldbuße festgesetzt werden, sodass insoweit schon keine rechtsnachfolgefähige Position besteht. In der umgekehrten Situation, in der eine Leitungsperson des Verbandes gehandelt hat, bevor die Rechtsnachfolge (etwa durch Anwachsung bei einer GbR) eingetreten ist, kann die Rechtsnachfolge keine bußgeldrechtliche Verantwortlichkeit der natürlichen Person begründen[148].

*Im **Fall 5** kann daher gegen die neu gegründete GmbH kein Bußgeld verhängt werden. Anders wäre es, wenn A als Geschäftsführer der GmbH seine unerlaubten Praktiken fortsetzen würde. Dann könnten Geldbußen verhängt werden, die sich aber nur auf die „neuen" Taten beziehen würden.*

146 *Mühlhoff*, NZWiSt 2013, 321, 327.

147 *Wiedmann/Funk*, BB 2015, 2627, 2629.

148 Vgl. BT-Drucks. 17/11053, S. 22.

C.
Verbandsgeldbuße und Gewinnabschöpfung

Wie oben dargelegt, soll die Verbandsgeldbuße gemäß §§ 30 Abs. 3 i. V. m. 17 Abs. 4 OWiG den wirtschaftlichen Vorteil, den der Täter aus der Tat gezogen hat, übersteigen. Mit dieser Regelung soll die Vermögensabschöpfung (die sonst über §§ 73 ff. StGB erfolgt) auch über die Geldbuße sichergestellt werden. Daher stellt § 30 Abs. 5 OWiG klar, dass die Festsetzung der Geldbuße gegen die juristische Person oder Personenvereinigung ausschließt, gegen diese wegen derselben Tat, den Verfall nach §§ 73, 73a StGB oder nach § 29a OWiG anzuordnen.

Die Verfolgungsbehörde und das Gericht haben also die Wahl, mittels welchen Instruments sie abschöpfende Maßnahmen durchführen. Maßgeblich dürfte regelmäßig die entscheidende Weichenstellung im Ermittlungsverfahren erfolgen, weil die beiden Wege der Abschöpfung teilweise unterschiedliche Ermittlungsschritte erfordern. Hier sollen die wichtigsten Unterschiede und einige Erwägungen dargestellt werden, die bei der zutreffenden Auswahlentscheidung zu berücksichtigen sein können. Eine pauschale Empfehlung kann an dieser Stelle jedoch nicht gegeben werden. Die Entscheidung hängt jeweils von den Besonderheiten des Einzelfalles ab.

I. Umfang der Abschöpfung

Ein zentraler Unterschied zwischen den Verfallsanordnungen nach §§ 73, 73a StGB und § 29a OWiG einerseits und der Unternehmensgeldbuße andererseits liegt im Umfang der Abschöpfung. Für den Verfall gilt das **Bruttoprinzip**. Das bedeutet, dass es nur um das aus der Tat oder für die Tat erlangte Etwas geht. Damit sind alle wirtschaftlichen Werte gemeint, die in irgendeiner Phase des Tatablaufes erlangt werden. Dabei kann es sich um bewegliche Sachen oder Immobilien aber auch um Forderungen und ersparte Aufwendungen handeln. Auch der Wertzuwachs einer Sache kann in Betracht kommen. In der Regel ist der Verfall des konkret Erlangten nicht mehr möglich, sodass gemäß § 73a StGB der Verfall eines Geldbetrages angeordnet wird, der dem Wert des Erlangten entspricht. Für die Erlangung „investierte" Aufwendungen oder Gegenleistungen werden nicht berücksichtigt. Ermittlungen bezüglich der Höhe der Aufwendungen sind daher nicht erforderlich. Das entbindet jedoch nicht von der Verpflichtung das Erlangte exakt zu bestimmen, was zuweilen sehr aufwändig sein kann.

Hierzu kommt, dass wichtige Rechtsfragen in diesem Bereich noch nicht abschließend geklärt sind. Namentlich ist auf die wichtige Frage nach dem Erlangten bei strafrechtlich bemakelt zustande gekommenen Austauschverträgen hinzuweisen. Insoweit wird teilweise auf die vertragliche Gegenleistung und teilweise auf die in dem Vertragsschluss liegende Gewinnchance abgestellt[149].

Demgegenüber bezieht sich die Abschöpfung im Rahmen der Unternehmensgeldbuße aufgrund der Verweisung auf § 17 Abs. 4 OWiG auf den „wirtschaftlichen Vorteil". Daraus leitet die h. M. die Geltung des **Nettoprinzips** ab[150]. Es ist also der **Gewinn** abzuschöpfen. Anders als beim Verfall sind also auch Ermittlungen zu den umsatzbezogenen Aufwendungen zu führen. In der Praxis liegt es oft im Interesse des Unternehmens, diese Daten von sich aus mitzuteilen. Neben der Minderung der Geldbuße können so – nicht zwingend für die rein strafrechtliche Sachverhaltsaufklärung erforderliche – Geschäftsdaten aus der (Verfahrens-) Öffentlichkeit herausgehalten werden. Sofern keine exakte Berechnung möglich ist, kann anhand zureichender Grundlagen (ggf. mit sachverständiger Hilfe) geschätzt werden[151].

---

149 Zum Meinungsstand oben unter B.IV.6.

150 *Mitsch* in KK-OWiG, § 17 Rdn. 119 m. w. N.; a. A. *Gürtler* in Göhler, § 17 Rdn. 38 f.

151 *Gürtler* in Göhler, § 17 Rdn. 45.

II. Verhältnis zu Verletztenansprüchen

Ein erheblicher Unterschied zwischen den Abschöpfungsarten ist der Umgang mit Verletztenansprüchen.

Nach § 73 Abs. 1 Satz 2 StGB kommt der Verfall nach **§§ 73, 73a StGB** nicht in Betracht, soweit dem Verletzten aus der Tat ein Anspruch erwachsen ist, dessen Erfüllung dem Täter oder Teilnehmer den Wert des aus der Tat erlangten entziehen würde. Diese Vorschrift soll einerseits den Anspruchsinhaber in Bezug auf die Durchsetzbarkeit seines Anspruches und andererseits den Täter vor doppelter Inanspruchnahme schützen. Sie wird daher in der gerichtlichen Praxis sehr weit ausgelegt. Danach steht jeder Anspruch eines Verletzten (in seiner Höhe) der Verfallsanordnung entgegen, wenn der Anspruch rechtlich existent und durchsetzbar (also insbesondere nicht verjährt) ist.

Ob der Anspruch tatsächlich geltend gemacht wird, ist grundsätzlich irrelevant. Auch kommt es nicht darauf an, ob der Verletzte überhaupt ermittelt oder ermittelbar ist und ob er Kenntnis von dem Anspruch hat. Das kann in der Praxis zu einer unbilligen Privilegierung des mit besonders hoher krimineller Energie handelnden Täters führen, der eine Vielzahl von Personen geschädigt hat, die aber den notwendigen Aufwand zur Durchsetzung ihrer Ersatzansprüche nicht betreiben wollen. Nur soweit Vermögenswerte vorläufig gesichert worden sind, ist dann eine Abschöpfung über den staatlichen Auffangrechtserwerb nach § 111i StPO möglich.

Beim Verfall nach **§ 29a OWiG** existiert keine vergleichbare Regelung. Der Schutz vor doppelter Inanspruchnahme ist hier nach § 99 Abs. 2 OWiG ins Vollstreckungsverfahren verlagert. Danach ordnet die Verwaltungsbehörde an, dass die Verfallsanordnung nicht vollstreckt wird, soweit der Betroffene oder Verfallsbeteiligte eine rechtskräftige Entscheidung vorlegt, in der gegen ihn wegen der mit Geldbuße bedrohten Handlung ein dem Verletzten erwachsener Anspruch festgestellt ist. Hat der Betroffene oder Verfallsbeteiligte bereits auf die Verfallsanordnung gezahlt, erfolgt nach § 99 Abs. 2 Satz 2 OWiG eine entsprechende Rückerstattung.

§ 30 OWiG sieht einen vergleichbaren Schutz vor doppelter Inanspruchnahme weder auf Tatbestands- noch auf Vollstreckungsebene ausdrücklich vor. Um unbillige Härten zu vermeiden, kann eine (konkret) drohende Inanspruchnahme allerdings auf **Ermessensebene** berücksichtigt werden. Das bedeutet freilich nicht, dass die Geldbuße dann grundsätzlich ganz wegfällt. Der ahndende Teil bleibt ohnehin bestehen. Und bei dem abschöpfenden Teil kann die Höhe angemessen reduziert werden.

III. Vorläufige Sicherungen

Ein weiterer wichtiger Unterschied ist, dass bei einer bevorstehenden Geldbuße nur sehr eingeschränkt vorläufige Sicherungsmöglichkeiten zur Verfügung stehen. Nur bei Vorliegen eines Bußgeldbescheides, der im Strafverfahren selten ist, kann nach § 30 Abs. 6 OWiG ein dinglicher Arrest angeordnet werden. Daher besteht die Gefahr, dass bei Bekanntwerden der Ermittlungen Vermögenswerte beiseite geschafft werden, sodass eine rechtskräftig festgesetzte Verbandsgeldbuße nicht vollstreckt werden kann und so in Leere läuft.

Demgegenüber steht bei dem Verfall nach §§ 73, 73a StGB ein – wenn auch unübersichtliches – gut ausgebautes Instrumentarium nach §§ 111b StPO ff. zur Verfügung, das bereits zu einem frühen Zeitpunkt (idealerweise bei Übergang in die offene Phase der Ermittlungen) vorläufige Sicherungen zulässt. Soweit es um ein Unternehmen geht, das aus der Tat etwas erlangt hat, kann ein dinglicher Arrest gegen den Unternehmensträger angeordnet werden (§§ 73 Abs. 1 u. 3, 73a StGB, § 111d StPO). In dessen Vollstreckung können dann Vermögenswerte des Verbandes etwa durch Pfändung, Beschlagnahme oder Eintragung einer Sicherungshypothek vorläufig gesichert werden.

IV. Möglichkeit der Ahndung

Wie bereits im Zusammenhang mit der Höhe der Geldbuße erläutert, setzt sich das Bußgeld nach § 30 OWiG regelmäßig aus einem ahndenden und einem abschöpfenden Anteil zusammen. Neben die Abschöpfung tritt also die Ahndung. Die Geldbuße drückt also neben einer finanziellen Belastung auch die Missbilligung durch die Rechtsordnung aus. Das kann durchaus spürbare Konsequenzen haben. Zunächst kann der ahndende Anteil der Geldbuße nicht gewinnmindernd steuerlich geltend gemacht werden (§ 4 Abs. 5 Satz 1 Nr. 8 EStG). Weiter kann die Geldbuße im Gewerbezentralregister erfasst werden (§ 149 Abs. 2 Nr. 3 GewO). Schließlich ist an die in einigen Bundesländern eingerichteten Korruptions- bzw. Vergaberegister zu denken.

Demgegenüber ist der Verfall nach h. M. keine strafähnliche Maßnahme und unterliegt nicht dem Schuldgrundsatz. Der Verfall verfolgt keine repressiv-vergeltende sondern nur präventiv-ordnende Ziele[152]. Die Anordnung des Verfalls ist also keine ahndende Maßnahme. Dementsprechend gilt das steuerliche Abzugsverbot nicht (§ 4 Abs. 5 Satz 1 Nr. 8, Satz 4 EStG). Auch eine Aufnahme in die o. a. Register kommt nicht in Betracht.

---

152 *Fischer*, StGB, 63. Aufl., § 73 Rdn. 4 f. m. w. N.

V. Erforderliche Feststellungen

Schließlich unterscheiden sich die beiden Abschöpfungsmöglichkeiten auch im Hinblick auf die erforderlichen zu treffenden Feststellungen.

Aufgrund der Anwendung des Bruttoprinzips im Verfallsrecht sind Ermittlungen und zu treffende Feststellungen zu der Höhe des Gewinnes bei § 73 StGB (anders als bei § 30 OWiG) grundsätzlich nicht erforderlich. Maßgeblich ist das konkret Erlangte. Das wird in vielen Fällen der einfach zu berechnende Umsatz sein[153].

Da dessen vollständige Abschöpfung oft als zu harte Maßnahme empfunden wird, behilft man sich in der Praxis gelegentlich mit der Härtevorschrift des § 73c StGB. Dabei werden aber bisweilen dessen hohe Anforderungen verkannt. Denn § 73c StGB verlangt je nach Konstellation Feststellungen zu den wirtschaftlichen Verhältnissen der Verfallsbeteiligten sowie dazu, ob sie beim Vermögenserwerb gutgläubig waren und inwieweit der Wert des jeweils Erlangten noch in deren Vermögen vorhanden ist[154].

153 Bei strafrechtlich bemakelt zustande gekommenen Austauschverträgen ist dies umstritten, vgl. die Nachweise bei *Fischer*, StGB, § 73 Rdn. 8b ff.

154 Vgl. BGH, Beschl. v. 29.02.2012 – 2 StR 639/11, NZWiSt 2012, 349.

D. Verfahren

I. Zuständigkeit der Staatsanwaltschaft

1. Sachliche Zuständigkeit

Die sachliche Zuständigkeit der Staatsanwaltschaft (in Abgrenzung zur Zuständigkeit der Verwaltungsbehörde) für das Bußgeldverfahren ist nicht ausdrücklich angeordnet, wird aber von der Gesetzessystematik vorausgesetzt, soweit es sich um **Straftaten als Anknüpfungstaten** handelt. Für die Ermittlung und Verfolgung von Straftaten ist gemäß §§ 152 Abs. 1, 160 StPO die Staatsanwaltschaft zuständig. Nach § 30 Abs. 4 Satz 1 und 2 OWiG kann grundsätzlich kein Bußgeldverfahren neben dem Strafverfahren geführt werden (Ausnahmen bestehen nur in § 82 GWB und § 96 EnWG). Da das Bußgeldverfahren also einerseits grundsätzlich nicht außerhalb des Strafverfahrens geführt werden kann und andererseits die Staatsanwaltschaft für das Ermittlungsverfahren zuständig ist, muss sie daher auch für das Bußgeldverfahren zuständig sein, wenn die Anknüpfungstat eine Straftat oder eine auf Straftaten bezogene Ordnungswidrigkeit nach § 130 OWiG ist[155].

Soweit nach § 82 Satz 1 GWB und § 96 Satz 1 EnWG in Abweichung von diesem Grundsatz die Kartell- bzw. Regulierungsbehörde für das Verfahren nach § 30 OWiG sachlich zuständig ist, gilt es zu beachten, dass die Behörde nach § 82 Satz 2 GWB bzw. nach § 96 Satz 2 EnWG das Verfahren an die Staatsanwaltschaft abgeben kann. In diesem Fall bleibt es bei der Zuständigkeit der Staatsanwaltschaft für das Straf- und das Bußgeldverfahren. Wenn innerhalb eines Ermittlungsverfahrens absehbar ist, dass die Voraussetzungen für ein Verfahren nach § 30 OWiG mit einer Zuständigkeit nach § 82 GWB bzw. § 96 EnWG in Betracht kommt, empfiehlt es sich so zeitnah wie möglich eine Klärung herbeizuführen, ob von § 82 Satz 2 GWB bzw. § 96 Satz 2 EnWG Gebrauch gemacht wird.

Wird das Verfahren nicht abgegeben, können beide Verfahren parallel geführt werden. In diesem Fall empfiehlt es sich, dass Staatsanwaltschaft und Verwaltungsbehörde zumindest im Hinblick auf zentrale Verfahrensschritte, wie etwa den Zeitpunkt von Durchsuchungen eine Abstimmung vornehmen, damit die Erfolgsaussichten der jeweiligen Maßnahme nicht gefährdet werden.

Für die Verfolgung von **Ordnungswidrigkeiten als Anknüpfungstat** (und die damit im Verbund zu verhängenden Verbandsgeldbußen) ist hingegen gemäß § 36 OWiG die jeweils zuständige Verwaltungsbehörde zuständig.

155 Vgl. auch Nr. 180a RiStBV, welche die Zuständigkeit der Staatsanwaltschaft voraussetzt.

Für den in der Praxis der Verbandsgeldbußen wichtigsten Ordnungswidrigkeitentatbestand des **§ 130 OWiG** kann in zwei Konstellationen gleichwohl die Zuständigkeit der Staatsanwaltschaft in Betracht kommen:

Zum einen kann die Staatsanwaltschaft gemäß § 42 Abs. 1 OWiG die Verfolgung der Ordnungswidrigkeit übernehmen, wenn sie eine Straftat verfolgt, die mit der Ordnungswidrigkeit zusammenhängt. Ein solcher Zusammenhang liegt vor, wenn jemand sowohl einer Straftat als auch einer Ordnungswidrigkeit beschuldigt wird oder wenn hinsichtlich derselben Tat eine Person einer Straftat und eine andere einer Ordnungswidrigkeit beschuldigt wird (§ 42 Abs. 1 Satz 2 OWiG). Diese Zuständigkeit besteht allerdings nur, wenn die Straftat auch tatsächlich verfolgt wird (vgl. § 43 OWiG).

Zum anderen ist die Staatsanwaltschaft für die Verfolgung des § 130 OWiG zuständig, wenn die Zuwiderhandlung mit Strafe bedroht ist und sich eine zuständige Verwaltungsbehörde nach § 131 Abs. 3 OWiG nicht ermitteln lässt, weil verwandte Bußgeldvorschriften fehlen[156].

Die Zuständigkeit der Staatsanwaltschaft ist in diesen beiden Fällen in der Regel sachgerecht, weil die Ordnungswidrigkeit oft erst im Rahmen komplexer Ermittlungen aufgedeckt wird. Der zuständige Staatsanwalt wird die Verfolgung der Ordnungswidrigkeit mit vergleichsweise geringem Zusatzaufwand miterledigen können, während die Verwaltungsbehörde sich vollständig neu einarbeiten müsste.

2. Örtliche Zuständigkeit

Die örtliche Zuständigkeit der Staatsanwaltschaft richtet sich grundsätzlich nach der für das Ermittlungsverfahren geltenden Zuständigkeit nach § 143 GVG i. V. m. §§ 7 ff. StPO. Für den Fall eines selbstständigen Verfahrens eröffnet § 444 Abs. 3 Satz 2 StPO einen zusätzlichen Gerichtsstand.

156 *Gürtler* in Göhler, OWiG, § 131 Rdn. 9 m. w. N.

II. Grundsatz des Verbundverfahrens

Neben der sachlichen Zuständigkeit der Staatsanwaltschaft lässt sich § 30 Abs. 4 OWiG auch der Grundsatz entnehmen, dass **Bußgeldverfahren und Strafverfahren verbunden** geführt werden sollen. Wenn keine gesetzlich bestimmte Ausnahme vorliegt (derzeit: § 82 GWB und § 96 EnWG), kann die Geldbuße nicht außerhalb des Strafverfahrens festgesetzt werden.

Wird allerdings kein Strafverfahren (mehr) geführt, so kommt die Festsetzung der Geldbuße im selbstständigen Verfahren in Betracht. Dies ist gemäß § 30 Abs. 4 Satz 3 OWiG nur dann ausgeschlossen, wenn die Tat aus rechtlichen Gründen nicht mehr verfolgt werden kann.

Eine selbstständige Geldbuße kommt in der Praxis etwa dann in Betracht, wenn das Ermittlungsverfahrens nach §§ 153 ff. StPO eingestellt worden ist. Auch bei einer Einstellung nach § 170 Abs. 2 StPO kommt das selbstständige Verfahren in Betracht, wenn nämlich die Einstellung nur deshalb erfolgt, weil nicht sicher festgestellt werden kann, welche von mehreren Leitungspersonen gehandelt hat. Denn dies ist ein tatsächliches und kein rechtliches Hindernis.

Auch die Konstellation, dass nach Anklageerhebung und im Hauptverfahren eine Einstellung – etwa nach § 153a StPO – erfolgt ist, ermöglicht den Übergang ins selbstständige Verfahren.

In der umgekehrten Situation, dass nach zunächst erfolgter Einstellung des Ermittlungsverfahrens ein selbstständiges Verfahren betrieben wird und dann das Verfahren gegen die natürliche Person durch Wiederaufnahme der Ermittlungen „wiederauflebt“, ist die Festsetzung der Geldbuße nur möglich, wenn die Verfahren miteinander verbunden werden[157].

Kommt es unter Verstoß gegen die vorgenannten Grundsätze zu rechtskräftigen Entscheidungen in gesonderten Verfahren, so sind diese zwar rechtswidrig zustande gekommen aber nicht nichtig[158].

---

157 *Gürtler* in Göhler, OWiG, § 30 Rdn. 31.

158 *Gürtler* in Göhler, OWiG, § 30 Rdn. 33a m. w. N.

III. Gang des Verfahrens

Das Verfahren der Festsetzung der Geldbuße ist in § 444 StPO geregelt, der teilweise auf die Vorschriften zum Verfahren bei Einziehungen und Vermögensbeschlagnahmen (§§ 430 ff. StPO) verweist.

Das Verfahren lässt sich in 5 Abschnitte aufteilen:
- Vorverfahren,
- Entscheidung über die Nebenbeteiligung,
- Hauptverhandlung,
- Rechtsmittelverfahren und
- Vollstreckungsverfahren.

1. Vorverfahren

a) Allgemeines

Ergeben sich im strafrechtlichen Ermittlungsverfahren Anhaltspunkte dafür, dass gegen eine juristische Person oder eine Personenvereinigung die Festsetzung einer Verbandsgeldbuße in Betracht kommt, so ist die juristische Person oder Personenvereinigung gemäß § 444 Abs. 2 Satz 2 i. V. m. § 432 StPO im Ermittlungsverfahren anzuhören.

Die Anhörung erfolgt über das zur Vertretung berechtigte Organ. Inhaltlich gibt § 432 Abs. 2 StPO zu dieser Anhörung vor, dass die Vorschriften über die Vernehmung des Beschuldigten entsprechend insoweit gelten, als eine Verbandsgeldbuße in Betracht kommt. In Bezug genommen ist damit maßgeblich § 163a StPO, der in Abs. 4 u. a. auf § 136 Abs. 1 Satz 2 bis 4 StPO verweist. Die juristische Person oder Personenvereinigung kann also davon absehen, sich zur Sache zu äußern, einen Verteidiger konsultieren und ihrerseits Beweiserhebungen beantragen.

Das Schweigerecht gilt allerdings nur, soweit eine Verbandsgeldbuße in Betracht kommt. Im Übrigen kann beispielsweise der Geschäftsführer einer GmbH als Zeuge vernommen werden[159].

Ist der Geschäftsführer selbst Beschuldigter und hat er bereits einen Verteidiger so stellt sich – gerade bei inhabergeführten Gesellschaften – regelmäßig die Frage, inwieweit der Verteidiger auch die Gesellschaft vertreten darf. Denn über die Verweisungen nach § 444 Abs. 2 Satz 2 StPO und § 434 Abs. 1 Satz 2 StPO ist § 146 StPO entsprechend anwendbar. Nach Satz 1 dieser Vorschrift kann ein Verteidiger nicht gleichzeitig mehrere derselben Tat Beschuldigte verteidigen.

Sinn und Zweck dieser Regelung ist die Vermeidung von Interessenkonflikten. Daher ist unstreitig, dass die Vertretung mehrerer juristischer Perso-

---

159 *Schmitt* in Meyer-Goßner/Schmitt, § 432 Rdn. 3.

nen oder Personenvereinigungen unzulässig ist, wenn gegen ihre gesetzlichen Vertreter ein Strafverfahren wegen derselben Tat durchgeführt wird[160]. Die herrschende Meinung hält auch die **gemeinschaftliche Vertretung des angeklagten Organtäters und der juristischen Person oder Personenvereinigung** für **möglich**[161].

b) Strafprozessuale Maßnahmen

Die für die Anordnung nach § 30 OWiG erforderlichen Beweismittel werden sich in der Regel mit den für das Strafverfahren benötigten Beweismitteln überschneiden und daher einheitlich gesichert werden. Es ist aber auch vorstellbar, dass Beweismittel ausschließlich für die Festsetzung der Geldbuße von Bedeutung sind. In diesem Fall können über die sinngemäße Verweisung des § 46 Abs. 1 OWiG auf die StPO bestimmte Maßnahmen[162] (etwa Durchsuchung, Beschlagnahme, Zeugenvernehmung) auch nur im Hinblick auf die mögliche Bußgeldfestsetzung erfolgen.

c) Abschluss des Ermittlungsverfahrens in Bezug auf die juristische Person oder Personengesellschaft

aa) Anklage

Ist nach Abschluss des Ermittlungsverfahrens ein hinreichender Tatverdacht gegen eine Leitungsperson gegeben und liegen die weiteren Voraussetzungen einer Geldbuße gegen die juristische Person oder Personengesellschaft vor, so kann Anklage unter Nebenbeteiligung der juristischen Person oder Personengesellschaft erhoben werden. Von einer Anklage, die sich nur gegen natürliche Personen richtet, unterscheidet sich eine solche Anklage zunächst insoweit, als die **juristische Person oder Personengesellschaft als „Nebenbeteiligte" aufgeführt und bezeichnet** wird. Weiter müssen die rechtlichen und tatsächlichen Grundlagen der Bebußung dargelegt werden. Schließlich tritt neben den Antrag auf Eröffnung des Hauptverfahrens der weitere Antrag,

gemäß § 444 StPO die Nebenbeteiligung der [Bezeichnung der juristischen Person oder Personengesellschaft] anzuordnen.

Hinsichtlich der örtlichen Zuständigkeit ergeben sich im Vergleich zum Verfahren, welches nur gegen natürliche Personen gerichtet ist, keine Besonder-

---

160 *Schmidt* in KK-StPO, § 444 Rdn. 8.

161 BVerfG, Beschl. v. 21.06.1977 – 2 BvR 70/75, 2 BvR 361/75, BVerfGE 45, 272, 288; *Schmidt* in KK-StPO, § 444 Rdn. 8; *Schmitt* in Meyer-Goßner/Schmitt, § 444 Rdn. 12; *Gürtler* in Göhler, § 88 Rdn. 14 weist auf Widersprüche hin; a. A. *Schmitt* in Meyer-Goßner/Schmitt, § 146 Rdn. 11 unter Hinweis auf Hanseatisches OLG, NJW 2013, 626, das allerdings eine Konstellation vorliegen hatte, in der es um Verfall und nicht um eine Unternehmensgeldbuße ging.

162 Ausführlich dazu *Seitz* in Göhler, Vor § 59.

heiten, insbesondere keine weitere gerichtliche Zuständigkeit[163]. Auch die sachliche Zuständigkeit richtet sich nach den natürlichen Personen, insbesondere der für sie zu erwartenden Strafe. Dass über die Verbandsgeldbußen teils vielfache Millionenbeträge festgesetzt werden, ändert daran grundsätzlich nichts[164].

Hinweis:
Im Anhang ist ein Muster einer möglichen Fassung der Anklage mit Antrag auf Anordnung der Nebenbeteiligung beigefügt.

bb) Strafbefehl

Auch bei einer Erledigung des Verfahrens gegen die natürliche Person im Strafbefehlswege ist die Nebenbeteiligung der juristischen Person oder Personengesellschaft möglich. Wie bei der Anklage ist die Anführung und Bezeichnung der juristischen Person oder Personengesellschaft als Nebenbeteiligte erforderlich. Ebenso sind die tatsächlichen und rechtlichen Grundlagen der Bebußung darzulegen.

Allerdings stellt die Staatsanwaltschaft keinen Antrag auf Anordnung der Nebenbeteiligung nach § 444 StPO, sondern lediglich den Antrag,

einen Strafbefehl nach anliegendem Entwurf zu erlassen.

Da der Strafbefehl im Falle seiner Rechtskraft einem Urteil gleichsteht[165], ist nicht nur hinsichtlich der konkreten Strafzumessung in Bezug auf die natürliche Person, sondern auch hinsichtlich der Nebenbeteiligten eine exakt bezifferte Rechtsfolgenanordnung erforderlich. Liegen mehrere Anknüpfungstaten vor, so sind gesonderte Geldbußen festzusetzen, die nicht zu einer „Gesamtgeldbuße“ zusammengefasst werden (obwohl hinsichtlich der natürlichen Person für die entsprechenden Taten durchaus eine Gesamtgeldstrafe oder Gesamtfreiheitsstrafe in Betracht kommt).

Ist gemäß § 17 Abs. 4 OWiG auch die Abschöpfung des wirtschaftlichen Vorteils erfolgt, so sollte im Strafbefehl aufgeschlüsselt werden, in welcher Höhe die Geldbußen den wirtschaftlichen Vorteil abschöpfen. Anderenfalls können im Besteuerungsverfahren Probleme entstehen, weil eben nur der abschöpfende Anteil den Gewinn mildern kann[166]. Geht dem Strafbefehlsantrag eine Erörterung zwischen Staatsanwaltschaft und Verteidigung voraus, so empfiehlt sich, auch diesen Punkt zu klären.

---

163 Gegenschluss aus § 444 Abs. 3 Satz 2 StPO.

164 Etwas Anderes könnte sich allenfalls ergeben, wenn die Staatsanwaltschaft bei grundsätzlicher Zuständigkeit des Amtsgerichts gerade wegen der Nebenbeteiligung den besonderen Umfang oder die besondere Bedeutung des Falles annimmt und daher gemäß § 24 Abs. 1 Satz 1 Nr. 3 GVG Anklage beim Landgericht erhebt.

165 § 410 Abs. 3 StPO.

166 § 4 Abs. 5 Nr. 8 Satz 3 EStG; näher hierzu *Minoggio*, Firmenverteidigung, Rdn. 1120.

Wie bei der Anklage ergibt sich aus der Nebenbeteiligung keine weitere gerichtliche Zuständigkeit[167].

Hinweis:
Im Anhang ist ein Muster einer möglichen Fassung des Strafbefehlsentwurfes beigefügt.

cc) Selbstständiges Verfahren gegen die juristische Person oder Personengesellschaft

Neben Anklageerhebung und Strafbefehlsverfahren kommt auch die selbstständige Festsetzung der Geldbuße in Betracht. Anwendungsfälle des selbstständigen Verfahrens sind die Konstellationen, in denen nicht feststellbar ist, welche natürliche (Leitungs-)Person gehandelt hat, oder Konstellationen, in denen das Verfahren gegen die natürliche Person nach Opportunitätsgesichtspunkten (§§ 153 ff. StPO) eingestellt worden ist[168].

Für ein solches Verfahren ist gemäß § 444 Abs. 3 Satz 2 StPO auch das Gericht zuständig, in dessen Bezirk die juristische Person oder Personengesellschaft ihren Sitz oder eine Zweigniederlassung hat.

Gemäß der Verweisung von § 444 Abs. 3 Satz 1 StPO auf §§ 440 und 441 Abs. 1 bis 3 StPO wird grundsätzlich im Beschlussverfahren entschieden. Gemäß § 441 Abs. 3 StPO wird jedoch aufgrund mündlicher Verhandlung durch Urteil entschieden, wenn die Staatsanwaltschaft oder sonst ein Beteiligter es beantragt oder das Gericht es anordnet.

Hinweis:
Im Anhang ist ein Muster einer möglichen Fassung des Beschlussentwurfes beigefügt.

dd) Bußgeldbescheid der Staatsanwaltschaft

Ist die Staatsanwaltschaft ausnahmsweise auch für die Verfolgung der Ordnungswidrigkeit nach § 130 OWiG zuständig und verfolgt sie keine im Zusammenhang stehende Straftat, sondern nur die Ordnungswidrigkeit, kann sie einen Bußgeldbescheid erlassen. Wird das Verfahren gegen die natürliche Person gemäß § 47 OWiG eingestellt, kommt auch ein isolierter Bescheid gegen die juristische Person oder Personenvereinigung in Betracht.

---

167 Gegenschluss aus § 444 Abs. 3 Satz 2 StPO.

168 Kritisch dazu, soweit eine Einstellung nach § 153a StPO erfolgt ist, *Eidam*, wistra 2003, 447, 455.

Hinsichtlich des Verfahrens der Festsetzung ergänzt § 88 OWiG die allgemeinen Regelungen des verwaltungsbehördlichen Bußgeldverfahrens.

Der notwendige Inhalt des Bescheides orientiert sich an dem Strafbefehl bzw. dem Beschluss im selbstständigen Verfahren. Wesentlicher Unterschied ist nur, dass nicht das Gericht, sondern die Staatsanwaltschaft die Anordnung trifft.

Hinweis:
Im Anhang ist ein Muster einer möglichen Fassung des Bescheides beigefügt.

ee) Einstellung des Verfahrens gegen die juristische Person oder Personengesellschaft

Das selbstständige Verfahren ist nur dann zulässig, wenn im Verfahren gegen den Bezugstäter entweder eine Einstellung nach Opportunitätsgründen erfolgt ist oder lediglich nicht feststellbar ist, welche von mehreren Leitungspersonen verantwortlich gehandelt hat. Lässt sich hingegen die Tat aus rechtlichen Gründen nicht verfolgen (etwa, weil Verjährung eingetreten ist), ist gemäß § 30 Abs. 4 Satz 3 OWiG eine Geldbuße ausgeschlossen. Soweit das Verfahren gegen die juristische Person oder Personengesellschaft bereits eingeleitet worden ist, muss es nach § 46 OWiG i.V. m. § 170 Abs. 2 StPO eingestellt werden.

Das Gleiche gilt, wenn zwar die Tat nachweisbar ist, jedoch eine der Voraussetzungen des § 30 OWiG fehlt (etwa weil der Beschuldigte keine Leitungsperson ist).

Wenn die Anknüpfungstat verfolgbar ist und auch die Voraussetzungen des § 30 OWiG vorliegen, kann das Verfahren gegen den Verband – unabhängig vom Fortgang des Verfahrens gegen die natürliche Person – nach Opportunitätsgründen gemäß § 47 Abs. 1 bzw. Abs. 2 OWiG eingestellt werden. Diese Möglichkeit entspricht der Einleitung des Verfahrens im Ermessenswege.

Allerdings ist die gegenüber natürlichen Personen häufig gewählte Erledigung des Verfahrens nach § 153a StPO gegen Geldzahlung nicht möglich. Gemäß § 47 Abs. 3 OWiG darf die Einstellung des Verfahrens nicht von der Zahlung eines Geldbetrages an eine gemeinnützige Einrichtung oder sonstige Stelle abhängig gemacht oder damit in Zusammenhang gebracht werden.

2. Gerichtliche Anordnung der Nebenbeteiligung

Nach § 444 Abs. 1 Satz 1 StPO ordnet das Gericht die Beteiligung der juristischen Person oder Personenvereinigung an, soweit es die Tat betrifft, wenn im Strafverfahren über die Festsetzung einer Geldbuße gegen die juristische Person oder Personenvereinigung zu entscheiden ist. Diese explizite Anordnung ist grundsätzlich nur im Falle der Anklageerhebung erforderlich. Beim selbstständigen Verfahren und im Strafbefehlsverfahren ist die Anordnung sinngemäß im Beschluss bzw. im Erlass des Strafbefehls enthalten[169].

Gemäß §§ 444 Abs. 1 Satz 2 i. V. m. 431 Abs. 4 StPO kann die Anordnung noch bis zur Beendigung der Schlussvorträge in der Berufungshauptverhandlung erfolgen. In der Praxis erfolgt sie regelmäßig gleichzeitig mit dem Eröffnungsbeschluss.

Voraussetzung für die Anordnung ist, dass im Strafverfahren über die Festsetzung einer Geldbuße gegen die juristische Person oder Personenvereinigung zu entscheiden ist. Im Hinblick auf die Prognose, ob eine solche Entscheidung zu erwarten ist, werden unterschiedliche Ansätze vertreten. Teils wird verlangt, dass die Voraussetzungen des § 30 OWiG *wahrscheinlich* vorliegen und die Festsetzung einer Geldbuße zu erwarten ist[170]. Demgegenüber wird auch vertreten, dass die Festsetzung der Geldbuße *nicht unwahrscheinlich* ist[171]. Diese begrifflichen Differenzierungen sollten aber nicht überbewertet werden. Besteht hinreichender Tatverdacht wegen einer Anknüpfungstat und fehlen die Voraussetzungen des § 30 OWiG nicht evident, muss in der Praxis regelmäßig mit einer entsprechenden Anordnung gerechnet werden.

Die Anordnung erfolgt nur, *soweit es die Tat betrifft*. Sind etwa mehrere Taten bzw. Personen angeklagt, so ist jeweils tatbezogen zu prüfen, ob die Voraussetzungen des § 30 OWiG vorliegen.

Gemäß §§ 444 Abs. 1 Satz 2 i. V. m. 431 Abs. 5 Satz 1 StPO kann der Beschluss, durch den die Nebenbeteiligung angeordnet wird, nicht angefochten werden. Wenn hingegen die Anordnung der Nebenbeteiligung abgelehnt wird, ist gemäß §§ 444 Abs. 1 Satz 2 i. V. m. 431 Abs. 5 Satz 2 StPO die sofortige Beschwerde zulässig. Diese steht nur der Staatsanwaltschaft zu. Der Verband, dessen Nebenbeteiligung nicht angeordnet wird, ist insoweit nicht beschwert[172].

---

169 Etwas Anderes gilt nur in dem Sonderfall des § 408 Abs. 3 Satz 2 StPO. In diesem Fall ist auch nach Strafbefehlsantrag eine Anordnung nach § 444 Abs. 1 Satz 1 StPO möglich und erforderlich.

170 *Schmitt* in Meyer-Goßner/Schmitt, StPO, § 444 Rdn. 7.

171 OLG Celle, Beschl. v. 26.11.2004 – 1 Ws 388/04, NJW 2005, 1816.

172 *Gössel* in LR, § 444 Rdn. 15 auch zu der Ausnahmekonstellation, in der eine Verbandsgeldbuße im Urteil festgesetzt wird, obwohl keine Nebenbeteiligung angeordnet worden und der Verband auch nicht als solche behandelt worden ist. In dieser Konstellation wird dem Verband in der Literatur entsprechend § 431 Abs. 5 Satz 2 StPO die sofortige Beschwerde zugestanden.

3. Erstinstanzliche Hauptverhandlung

Die juristische Person oder Personenvereinigung wird zur Hauptverhandlung geladen. Wenn ihr Vertreter ohne genügende Entschuldigung ausbleibt, kann gemäß § 444 Abs. 2 Satz 1 StPO ohne sie verhandelt werden. Im Übrigen gelten hinsichtlich ihrer Verfahrensstellung in der Hauptverhandlung über den Verweis des § 444 Abs. 2 Satz 2 StPO die §§ 432 bis 434, 435 Abs. 2 u. Abs. 3 Nr. 1 sowie 436 Abs. 2 u. 4 StPO entsprechend. Das bedeutet im Einzelnen:

Gemäß § 433 Abs. 1 StPO hat die Nebenbeteiligte ab Eröffnung des Hauptverfahrens (bzw. nach § 433 Abs. 1 Satz 2 StPO im beschleunigten Verfahren ab Beginn der Hauptverhandlung und im Strafbefehlsverfahren ab Erlass des Strafbefehls) die Befugnisse, die dem Angeklagten zustehen. Das sind im Wesentlichen der Anspruch auf rechtliches Gehör sowie das Recht Anträge zu stellen (die zum Teil gemäß § 436 Abs. 2 StPO vereinfacht abgelehnt werden können) und Rechtsbehelfe einzulegen[173].

Nach § 433 Abs. 2 StPO kann das Gericht zur Sachverhaltsaufklärung das persönliche Erscheinen der Nebenbeteiligten anordnen. Diese Pflicht trifft die vertretungsberechtigte natürliche Person[174]. § 433 Abs. 2 Satz 2 StPO kann bei Ausbleiben ohne genügende Entschuldigung die Vorführung angeordnet werden, wenn bei der Ladung auf diese Möglichkeit hingewiesen worden ist.

§ 434 StPO eröffnet der Nebenbeteiligten die Möglichkeit, sich in jeder Lage des Verfahrens durch einen Rechtsanwalt oder eine andere als Verteidiger wählbare Person vertreten zu lassen, wobei nach § 434 Abs. 1 Satz 2 die Vorschriften für Verteidiger teilweise entsprechend gelten. Nach Abs. 2 kann das Gericht auch von Amts wegen einen Verteidiger beiordnen, wenn die Sach- oder Rechtslage schwierig ist oder die Nebenbeteiligte ihre Rechte nicht selbst wahrnehmen kann.

Wird im Laufe der Hauptverhandlung das Verfahren gegen die natürliche Person nach Opportunitätsgründen eingestellt, kann das Verfahren gegen die juristische Person oder Personenvereinigung als selbstständiges Verfahren fortgeführt werden. Umgekehrt kann das Verfahren gegen die juristische Person oder Personenvereinigung gemäß § 47 OWiG aus Opportunitätsgründen eingestellt werden, während das Strafverfahren gegen die natürliche Person weiterläuft. Ein Absehen von einer Entscheidung über die Geldbuße nach § 430 StPO ist mangels Verweisung in § 444 StPO indes nicht möglich.

Die erstinstanzliche Hauptverhandlung endet grundsätzlich mit einem Urteil, in dem neben dem Strafausspruch auch über die Festsetzung der Geldbuße entschieden wird. Hinsichtlich der Kostenentscheidung gelten über den Verweis des § 472b Abs. 2 StPO die §§ 456 f. StPO entsprechend.

---

173 *Schmitt* in Meyer-Goßner/Schmitt, StPO, § 433 Rdn. 1.

174 *Schmitt* in Meyer-Goßner/Schmitt, StPO, § 433 Rdn. 3.

War die Nebenbeteiligte und ihr Vertreter nicht bei der Urteilsverkündung zugegen, so ist ihr gemäß § 436 Abs. 4 StPO das Urteil zuzustellen. Dabei kann das Gericht anordnen, dass Teile, die die Nebenbeteiligte nicht betreffen, ausgeschieden werden können.

4. Rechtsbehelfe

Die Rechtsbehelfe im Hinblick auf die Anordnung der Verbandsgeldbußen entsprechen grundsätzlich den Rechtsmitteln gegen die strafrechtlichen Verurteilungen bzw. gegen den verwaltungsbehördlichen Bußgeldbescheid. Über die Verweisung in § 444 Abs. 2 Satz 2 StPO gelten folgende Besonderheiten:

a) Urteil

Legt nur die Nebenbeteiligte Berufung gegen das Urteil ein, durch das die Geldbuße gegen sie festgesetzt worden ist, wird der Schuldspruch gegen die Leitungsperson nur geprüft, wenn die Nebenbeteiligte diesbezüglich Einwendungen vorbringt und im vorausgehenden Verfahren ohne ihr Verschulden zum Schuldspruch nicht gehört worden ist (§§ 444 Abs. 3 Satz 2 i. V. m. 437 Abs. 1 u. 2 StPO). Überdies bleiben die dem Schuldspruch zugrundeliegenden Feststellungen bestehen, soweit nicht das Vorbringen der Nebenbeteiligten eine erneute Prüfung erfordert.

Gemäß § 436 Abs. 3 StPO sind im Revisionsverfahren Einwendungen gegen den Schuldspruch innerhalb der Begründungsfrist vorzubringen. Einwendungen in diesem Sinne können nur Rechtsrügen sein[175].

b) Strafbefehl

Gegen den erlassenen Strafbefehl kann die juristische Person oder Personenvereinigung hinsichtlich der Anordnung der Geldbuße Einspruch einlegen. Grundsätzlich richtet sich das weitere Verfahren dann nach § 411 StPO. Ist aber *nur* über den Einspruch der juristischen Person oder Personenvereinigung zu entscheiden (weil nur sie einen zulässigen Einspruch erhoben hat), entscheidet das Gericht grundsätzlich durch Beschluss, gegen den die sofortige Beschwerde zulässig ist (§§ 444 Abs. 3 Satz 2 i. V. m. 441 Abs. 2 StPO). Über einen zulässigen Antrag hin wird jedoch auf Grund mündlicher Verhandlung durch Urteil entschieden, wenn die Staatsanwaltschaft oder sonst ein Beteiligter es beantragt oder das Gericht es anordnet. Die Einschränkung der Überprüfung des Schuldspruches nach §§ 444 Abs. 3 Satz 2 i. V. m. 437 Abs. 1 u. 2 StPO gilt auch hier.

Wer gegen dieses Urteil eine zulässige Berufung eingelegt hat, kann gegen das Berufungsurteil keine Revision einlegen (§§ 444 Abs. 3 Satz 2 i. V. m.

---

175 *Schmitt* in Meyer-Goßner/Schmitt, § 437 Rdn. 4.

441 Abs. 2 StPO). Die Sprungrevision nach § 335 StPO gegen das erstinstanzliche Urteil ist hingegen zulässig.

c) Selbstständiges Verfahren

Ist die Festsetzung der Geldbuße im selbstständigen Verfahren erfolgt, so ist hinsichtlich der Rechtsbehelfe zu differenzieren:

Ist die Festsetzung nach §§ 440 Abs. 3 Satz 1 i. V. m. 441 Abs. 2 StPO im Beschlussverfahren erfolgt, so ist dagegen die sofortige Beschwerde zulässig.

Ist dagegen nach §§ 444 Abs. 3 Satz 2 i. V. m. 441 Abs. 3 StPO durch Urteil entschieden worden, sind wie im Strafbefehlsverfahren nach Urteil auf den Einspruch nur Berufung *oder* Sprungrevision möglich.

d) Bußgeldbescheid der Staatsanwaltschaft

Gegen den Bußgeldbescheid der Staatsanwaltschaft hat die juristische Person oder Personenvereinigung gemäß §§ 88 Abs. 3, 87 Abs. 2 Satz 1 OWiG die Befugnisse, die einem Betroffenen zustehen. Sie kann also gemäß 67 OWiG Einspruch einlegen, woraufhin vor dem zuständigen Amtsgericht verhandelt wird. Gegen das Urteil des Amtsgerichts ist bei Vorliegen der Voraussetzungen die Rechtsbeschwerde zum Oberlandesgericht möglich.

5. Vollstreckung

Die Vollstreckung der Verbandsgeldbuße richtet sich nach den Vorschriften des OWiG[176]. In Bezug auf die Verbandsgeldbuße ist insoweit nur auf § 99 Abs. 1 OWiG hinzuweisen, dessen Bedeutung sich aber darin erschöpft, bestimmte Vorschriften aus dem Vollstreckungsrecht für entsprechend anwendbar zu erklären, die sich dem Wortlaut nach nur an *Betroffene* richten[177].

Interessant ist auch § 99 Abs. 2 OWiG, der eine doppelte Gewinnabschöpfung verhindern soll, wenn gegen den Betroffenen oder Verfallsbeteiligten einerseits eine Verfallsanordnung nach § 29a OWiG ergangen ist und er andererseits wegen desselben Sachverhalts einem rechtskräftig festgestellten Verletztenanspruch ausgesetzt ist. In diesem Fall wird die Vollstreckung des Verfallsbetrages nicht weiter betrieben bzw. werden bereits erfolgte Zahlungen rückerstattet.

Der Gedanke des Schutzes vor der doppelten Inanspruchnahme liegt auch dem strafrechtlichen Verfall zugrunde, der gemäß § 73 Abs. 1 Satz 2 StGB bei Verletztenansprüchen nicht erfolgt.

---

176 *Schmitt* in Meyer-Goßner/Schmitt, § 444 Rdn. 21.

177 *Seitz* in Göhler, § 99 Rdn. 1 f.

Auf die Verbandsgeldbuße nach § 30 OWiG ist diese Regelung nicht explizit anwendbar. Vergegenwärtigt man sich jedoch, dass die Verbandsgeldbuße in der Praxis immer mehr auch zur Gewinnabschöpfung eingesetzt wird, so erscheint **im Hinblick auf den abschöpfenden Anteil der Verbandsgeldbuße eine analoge Anwendung des § 99 Abs. 2 OWiG** sachgerecht[178]. Denn Sinn und Zweck der Abschöpfung ist in allen Konstellationen der Gleiche: Es geht nur um den Ausgleich der rechtswidrigen Vermögensverhältnisse. Eine Sanktionierung ist damit nicht verbunden. Faktisch kann eine solche allerdings drohen, wenn der Ausgleich des rechtswidrigen Vermögenszustandes bereits mit den Mitteln des Zivilrechts erfolgt ist und gleichwohl eine am (dann nicht mehr vorhandenen) wirtschaftlichen Vorteil orientierte Abschöpfung erfolgt. Allerdings ist darauf hinzuweisen, dass über die vorstehend erwogene analoge Anwendung soweit ersichtlich in der Rechtsprechung bislang noch nicht entschieden worden ist.

178 Vgl. *Rogall* in KK-OWiG, § 30 Rdn. 145; s. auch oben Abschnitt B.V.2.

[illegible] explizit anwenden. Vergegenwärtigt man sich jedoch, dass die Verbands-verhältnisse in der Praxis immer mehr [illegible] zur Gewinnabschöpfung [illegible] wird [illegible] eine analoge Anwendung des § [illegible] Abs. [illegible] OWiG [illegible]

[illegible]

E.
Anhang

I. Muster eines Anhörungsschreibens

Staatsanwaltschaft Musterstadt
Musterstraße 1
12345 Musterstadt
U-GmbH
Herrn X
Beispielstraße 20
12345 Musterstadt

Ihr Zeichen	Mein Zeichen (Bei Antwort angeben)	Durchwahl	Musterstadt, den
./.	123 Js 456/16	123	01.06.2016

Bußgeldverfahren gemäß § 30 OWiG gegen die U-GmbH

Sehr geehrter Herr X,

mit Verfügung vom heutigen Tage habe ich ein Bußgeldverfahren gemäß § 30 Ordnungswidrigkeitengesetz (OWiG) gegen die U-GmbH eingeleitet. Die Gesellschaft wird durch Sie als Geschäftsführer vertreten.

Gemäß § 30 OWiG kann gegen eine juristische Person, sofern deren vertretungsberechtigtes Organ vorsätzliche Straftaten begangen hat, durch die Pflichten, welche die juristische Person treffen, verletzt worden sind oder durch die die juristische Person bereichert worden ist, eine Geldbuße von bis zu EUR 10.000.000,– je Einzelfall verhängt werden.

Grund für die Einleitung des vorliegenden Bußgeldverfahrens sind die Ihnen bereits im Rahmen des gegen Sie geführten Ermittlungsverfahrens bekannt gegebenen Vorwürfe der Bestechung des A im Zusammenhang mit der Vergabe von Aufträgen der Gemeinde G. Wegen der Einzelheiten erlaube ich mir, auf den Ihnen vorliegenden Beschluss des Amtsgerichts Musterstadt vom 01.03.2016 (AZ: ...) Bezug zu nehmen, mit dem die Durchsuchung der Geschäftsräume der U-GmbH angeordnet worden ist.

Es besteht danach der Verdacht der Bestechung gemäß § 334 StGB in 2 Fällen.

Die U-GmbH ist durch diese Taten zu Unrecht bereichert worden. Aus den hier vorliegenden Unterlagen lässt sich ein Gewinn in Höhe von EUR 40.000,– errechnen.

Ich gebe Gelegenheit zur Stellungnahme, weise jedoch entsprechend § 136 Strafprozessordnung darauf hin, dass es Ihnen als gesetzlichem Vertreter der U-GmbH frei steht, sich zu den Vorwürfen zu erklären oder keine Angaben zur Sache zu machen. Die Gesellschaft kann sich in dem Bußgeldverfahren jederzeit anwaltlich beraten und vertreten lassen. Als Vertreter der U-GmbH können Sie entlastende Beweiserhebungen beantragen.

Mit freundlichen Grüßen

(Name)
Staatsanwalt

II. Muster eines Strafbefehls

Amtsgericht Musterstadt
Musterstraße 2
12345 Musterstadt
Geschäftsnummer: 4 Cs 123 Js 456/16 (45/16)
(bitte stets angeben)

Herrn
Hermann X
Beispielstraße 19
12345 Musterstadt

Weitere Angaben:
geboren am 01.05.1978 in Musterstadt
ledig, Staatsangehörigkeit: deutsch

Verteidiger:
Rechtsanwalt Beispiel
Beispielstraße 104, 12345 Musterstadt

Nebenbeteiligte:
U-GmbH
Beispielstraße 20, 12345 Musterstadt
- vertreten durch den
Geschäftsführer -

Bevollmächtigter:
Rechtsanwalt Rat
Beispielstraße 28, 12345 Musterstadt

Strafbefehl

Die Staatsanwaltschaft Musterstadt beschuldigt Sie,

am 01.02.2015 und am 01.06.2015
in Musterstadt

durch 2 Straftaten

jeweils

einem Amtsträger einen Vorteil für diesen als Gegenleistung dafür gewährt zu haben, dass er eine Diensthandlung vorgenommen und dadurch seine Dienstpflichten verletzt hat.

Ihnen wird zur Last gelegt:
[Konkretisierung des Tatvorwurfs und der Voraussetzungen des § 30 OWiG]

Vergehen und für die Nebenbeteiligte mit Geldbuße bedrohte Handlung,
strafbar gemäß §§ 334, 53 Strafgesetzbuch,
für die Nebenbeteiligte ahndbar gemäß § 30 Abs. 1 Nr. 1 Ordnungswidrigkeitengesetz

Beweismittel:
[...]

Auf Antrag der Staatsanwaltschaft wird gegen Sie eine Gesamtfreiheitsstrafe von 9 Monaten verhängt.

Diese ist gebildet aus Einzelstrafen für die Taten zu 1. und 2. von jeweils 6 Monaten.

Die Vollstreckung der Strafe wird zur Bewährung ausgesetzt.

Sie haben auch die Kosten des Verfahrens und Ihre notwendigen Auslagen zu tragen.

Gegen die Nebenbeteiligte wird wegen

der Tat zu 1 eine Geldbuße von EUR 25.000,– und
der Tat zu 2. eine Geldbuße von EUR 25.000,–

festgesetzt[179].

Der ahndende Anteil beträgt jeweils EUR 5.000,–. Der abschöpfende Anteil beträgt insgesamt EUR 40.000,–. Steuern wurden nicht berücksichtigt.

[Rechtsbehelfsbelehrung]

Auf den anliegenden Bewährungsbeschluss und die dazu gehörige Belehrung werden Sie hingewiesen.

____
Richter/in am Amtsgericht

---

179 Vertritt man den Standpunkt, dass bei strafbaren Anknüpfungstaten eine Gesamtgeldbuße möglich ist, so wäre hier nur eine Geldbuße aufzuführen.

III. Muster einer Anklage

Staatsanwaltschaft Musterstadt — Musterstadt, den 01.09.2016
Musterstraße 1
12345 Musterstadt

Geschäftsnummer: 123 Js 456/16
(bitte stets angeben)

Amtsgericht Musterstadt
Strafrichter
Musterstraße 2
12345 Musterstadt

Anklage

Hermann X	geboren am 01.05.1978 in Musterstadt ledig, Staatsangehörigkeit: deutsch	Bl. 78 d.A.
	Beispielstraße 19, 12345 Musterstadt	
	Verteidiger: Rechtsanwalt Beispiel Beispielstraße 104, 12345 Musterstadt	Bl. 210 d.A
Nebenbeteiligte: U-GmbH - vertreten durch den Geschäftsführer -	Beispielstraße 20, 12345 Musterstadt	Bl. 72 d.A
	Bevollmächtigter: Rechtsanwalt Rat Beispielstraße 28, 12345 Musterstadt	Bl. 85 d.A.

wird angeklagt,

am 01.02.2015 und am 01.06.2015
in Musterstadt

durch 2 Straftaten

jeweils

einem Amtsträger einen Vorteil für diesen als Gegenleistung dafür gewährt zu haben, dass er eine Diensthandlung vorgenommen und dadurch seine Dienstpflichten verletzt hat.

Dem Angeschuldigten wird Folgendes zur Last gelegt:

[Konkretisierung des Tatvorwurfs und der Voraussetzungen des § 30 OWiG]
Vergehen und für die Nebenbeteiligte mit Geldbuße bedrohte Handlung,
strafbar gemäß §§ 334, 53 Strafgesetzbuch,
für die Nebenbeteiligte ahndbar gemäß § 30 Abs. 1 Nr. 1 Ordnungswidrigkeitengesetz

Beweismittel:
[...]

Es wird beantragt,

a) das Hauptverfahren vor dem Amtsgericht Musterstadt – Strafrichter – zu eröffnen,

b) gemäß § 444 StPO die Nebenbeteiligung der U-GmbH anzuordnen.

(Name)
Staatsanwalt

IV. Muster eines Bußgeldbescheides im selbstständigen Verfahren

Staatsanwaltschaft Musterstadt
Musterstraße 1
12345 Musterstadt
Geschäftsnummer: 123 Js 456/16
(bitte stets angeben)

U-GmbH
Herrn X
Beispielstraße 20
12345 Musterstadt

Bußgeldbescheid

In dem Bußgeldverfahren gegen

Nebenbeteiligte:
U-GmbH
Beispielstraße 20, 12345 Musterstadt
– vertreten durch den
Geschäftsführer –

Bevollmächtigter:
Rechtsanwalt Rat
Beispielstraße 28, 12345 Musterstadt

wird wegen fahrlässiger Verletzung der Aufsichtspflicht

gegen die Nebenbeteiligte gemäß § § 30 Abs. 1 Nr. 1 OWiG

eine Geldbuße von EUR 20.000,– festgesetzt.

Der ahndende Anteil beträgt EUR 5.000,–. Der abschöpfende Anteil beträgt insgesamt EUR 15.000,–. Steuern wurden nicht berücksichtigt.

Die Nebenbeteiligte hat auch die Kosten des Verfahrens zu tragen.

Angewendete Vorschriften: §§ 9, 30, 130 OWiG, § 334 StGB

Begründung:
I.
[Konkretisierung des Tatvorwurfs und der Voraussetzungen des § 30 OWiG]
II.
[Rechtliche Würdigung]
III.
[Bußgeldbemessung]

(Name)
Staatsanwalt

[Rechtsbehelfsbelehrung]

V. Muster eines Beschlusses im selbstständigen Verfahren

Amtsgericht Musterstadt
Musterstraße 2
12345 Musterstadt

Beschluss

In dem Bußgeldverfahren gegen

U-GmbH
Beispielstraße 20, 12345 Musterstadt
– vertreten durch den
Geschäftsführer –

Bevollmächtigter:
Rechtsanwalt Rat
Beispielstraße 28, 12345 Musterstadt

wegen Bestechung in 2 Fällen

wird wegen

der Tat zu I.1 eine Geldbuße von EUR 25.000,– und
der Tat zu I.2. eine Geldbuße von EUR 25.000,–

festgesetzt[180].

Der ahndende Anteil beträgt jeweils EUR 5.000,–. Der abschöpfende Anteil beträgt insgesamt EUR 40.000,–. Steuern wurden nicht berücksichtigt.

Die Nebenbeteiligte hat auch die Kosten des Verfahrens zu tragen.

Begründung:
I.
[Konkretisierung des Tatvorwurfs und der Voraussetzungen des § 30 OWiG]
II.
[Rechtliche Würdigung]
III.
[Bußgeldbemessung]
[Rechtsbehelfsbelehrung]

____

Richter/in am Amtsgericht

---

180 Vertritt man den Standpunkt, dass bei strafbaren Anknüpfungstaten eine Gesamtgeldbuße möglich ist, so wäre hier nur eine Geldbuße aufzuführen.

Stichwortverzeichnis

Die Zahlen verweisen auf die Seitenzahlen.